A jurisprudência constitucional sobre as leis do Orçamento do Estado e (in)constitucionalidade do OE2014

A jurisprudência constitucional sobre as leis do Orçamento do Estado e (in)constitucionalidade do OE2014

2014

António Martins

A JURISPRUDÊNCIA CONSTITUCIONAL SOBRE AS LEIS DO ORÇAMENTO DO ESTADO
E (IN)CONSTITUCIONALIDADE DO OE2014
AUTOR
António Martins
EDITOR
EDIÇÕES ALMEDINA, S.A.
Rua Fernandes Tomás, n°s 76, 78 e 80
3000-167 Coimbra
Tel.: 239 851 904 · Fax: 239 851 901
www.almedina.net · editora@almedina.net
DESIGN DE CAPA
FBA.
PRÉ-IMPRESSÃO
EDIÇÕES ALMEDINA, S.A.
IMPRESSÃO | ACABAMENTO
PAPELMUNDE

Abril, 2014
DEPÓSITO LEGAL
373875/14

Os dados e as opiniões inseridos na presente publicação são da exclusiva responsabilidade do(s) seu(s) autor(es).
Toda a reprodução desta obra, por fotocópia ou outro qualquer processo, sem prévia autorização escrita do Editor, é ilícita e passível de procedimento judicial contra o infrator.

 GRUPOALMEDINA

Biblioteca Nacional de Portugal – Catalogação na Publicação

MARTINS, António

A jurisprudência constitucional sobre as leis do
Orçamento do Estado e (in)constitucionalidade
do OE2014
ISBN 978-972-40-5572-5

CDU 342

PREFÁCIO

O livro que vão ler descreve, com rigor e riqueza, o contexto técnico do atual debate acerca da intervenção do Tribunal Constitucional na feitura do direito, nomeadamente, do direito relativo às funções do Estado e às políticas públicas. Aparentemente, trata-se apenas de uma discussão sobre a distribuição entre os órgãos de soberania do poder de dizer o direito.

Atrevo-me a propor brevemente neste prefácio – que o autor me deu a grata oportunidade de escrever – um exercício suplementar, destinado a acompanhar aquilo que creio ser uma deslocação radical do objeto do debate. Se não me engano, o que começa a estar em causa já não é qual é o direito aplicável, nem quem tem competência para o definir, mas, mais radicalmente, se o direito deve ter mesmo uma palavra a dizer nestas matérias.

Esta recolocação surge como uma tempestade num dia de verão. Quando a ideia de Estado de Direito parecia bem estabelecida, numa área cultural e política aparentemente estável, o mote de que o direito e os juristas são fatores de bloqueio do progresso, que caraterizara a cultura da esquerda revolucionária, aparece no centro do argumentário de direita. De novo, como em anteriores períodos de crise social e política aguda, um programa de direita volta a reclamar-se de uma "revolução conservadora", de uma estratégia social e política "revolucionária" que, necessariamente, ataca a estabilização da sociedade pelo direito e que denuncia o "modelo jurídico" como a expressão constitucional do conservadorismo.

A própria expressão "revolução conservadora" exprime os aspetos paradoxais deste ambiente político-cultural. De facto, a corrente neoliberal que hoje tende a hegemonizar a direita tem grandes dificuldades em acomodar a ideia conservadora de que as situações sociais estabelecidas devem ser garantidas pelo direito com a ideia revolucionária de que a dinâmica capitalista exige uma permanente destruição dessas mesmas situações. O resultado desta perplexidade projeta-se sobre pontos centrais da teoria do direito, como o âmbito e intensidade do princípio da legalidade, a delimitação do conceito de direitos adquiridos, a validade do "modelo jurídico" – contraditório e compromissório – de resolução de conflitos, a centralidade dos juristas no processo de configuração (ou reconfiguração) social. Os elementos "revolucionários" de desvalorização do direito tendem (ainda) a ser discretos, de tal modo conflituam com pontos centrais do nosso modelo político. Porém, o simples fato ("escandaloso") de eles ocorrerem torna interessante o levantamento do modelo civilizacional em que assenta uma grande parte dos argumentos técnicos que têm sido esgrimidos contra o primado da constituição e a justiça constitucional.

A cultura da segunda metade do séc. XX foi a cultura do *Estado de direito*, que se tornou num modelo indiscutido. Sob este *motto* combateram-se várias formas de voluntarismo político. Primeiro, o jacobinismo político, que confiava às maiorias parlamentares a definição de todas as normas de convivência. Depois, o reconhecimento a líderes carismáticos do poder de alterar sem limites a constituição das comunidades. Finalmente, a admissão de que um grupo ou uma classe, como vanguardas sociais, podiam governar sem regras, arbitrariamente.

O Estado de direito – o governo pelo direito, por oposição ao governo pelos homens – apareceu, então, como o fator de superação de todos os regimes políticos em que uma parte – mesmo que fosse a melhor ou a maior parte – se arrogava a direção arbitrária do todo. O caráter complexo da sociedade – complexidade da combinação ótima dos interesses sociais – exigia que reinasse algum equilíbrio entre eles, sem que nenhum deles – nem que fosse o de minorias – fosse injustamente sacrificado. O bom governo implicava a audição de todos, a ponderação das respetivas razões, a observância dos processos estabelecidos e, como resultado, soluções de compromisso. Era justamente esta estratégia social piedosa que Nietzsche censurava ao direito … e ao cristianismo.

O direito fornecia vários modelos institucionais e intelectuais para este ideal limitado e compromissório de governo. No cerne do "modelo jurídico" estava, na verdade, a noção de harmonia complexa, conseguida pela ponderação e pelo equilíbrio. O modelo discursivo da questão (*quaestio*) destinava-se, justamente, a assegurar que todos os pontos de vista eram considerados. No plano institucional, o modelo processual do contraditório visava o mesmo objetivo. Reunidos os pontos de vista, o julgamento (*iudicium*) decidia, procurando a composição e evitando a adjudicação (*the winner takes it all*) e o sacrifício injustificado de interesses. Uma vez atingida uma solução, o caso julgado consolidava a situação, protegendo os titulares dos direitos com a figura dos direitos adquiridos. Esta era a regra do direito (*rule of law*): processo com regras (*due process*), garantia de contraditório, decisão ponderada ou compromissária, garantia dos direitos adquiridos segundo o direito.

Nos últimos vinte anos, tem-se vindo a afirmar, no campo da cultura económica, um liberalismo radical que atribui à dinâmica da economia – ao mercado – um poder constituinte absoluto, pondo com isso em causa a legitimidade ou mesmo a possibilidade de uma regulação jurídica, moral ou política.

Paradoxalmente, a ideia da ilegitimidade da garantia jurídica das situações provém de Karl Marx. Na verdade, a estabilidade do direito e dos direitos conflituaria frontalmente com a dinâmica de "destruição criativa" associada ao capitalismo. Werner Sombart e, depois, Joshep Schumpeter descrevem, com base nisto, a dualidade do *ethos* capitalista e dos seus agentes. O capitalismo e os capitalistas participavam de um espírito *burguês*, amigo da estabilidade, da previsibilidade e da confiança, mas, ao mesmo tempo, de um espírito *empresarial*, predador e criativo, atraído pela conquista e destruição do que está estabelecido e pela construção, a partir das ruínas, de novos empreendimentos. Nascida neste contexto de um pensamento social revolucionário, a ideia de destruição criadora – que se relacionava com a ideia de luta de classes e era subsidiária de uma lógica de oposição dialética – reapareceu nos radicais conservadores da primeira metade do séc. XX, que se consideravam revolucionários e pretendiam combater o capitalismo burguês e acomodado, pelo seu alter ego militante e amante do risco permanente. Neles ganhou a dimensão de uma interpretação antropológica, fornecendo uma chave para a compreensão do homem, da sociedade e do progresso.

Enquanto que o liberalismo clássico assentava em premissas antropológicas mais conservadoras, limitando a criação de novas situações sociais e económicas pela necessidade de garantia das situações consolidadas e condicionando o dinamismo empreendedor pela salvaguarda da confiança e da previsibilidade, a linha mais agressiva da teorização e da prática do capitalismo – que corresponde ao neoliberalismo neoconservador das duas últimas décadas do séc. XX – assume um *ethos* revolucionário, mantendo-se mais próxima das ideias:

- de que a criação supõe a destruição,
- de que o empreendorismo só se revela se partir de um estado original de carência,
- de que a livre empresa e a livre escolha exigem a inexistência de limites,
- de que o compromisso com o passado limita a criatividade e a liberdade e
- de que, por tudo isto, nada deve estar garantido.

A caracterização que fazemos deste neoliberalismo destaca elementos radicais que, não sendo partilhados por todos os neoliberais, permitem identificar com mais nitidez a nova atitude perante o direito.

O primeiro elemento é o destaque que se dá ao tópico da contraposição e luta, à inseparabilidade entre criação e destruição no progresso social e económico. Marx e a luta de classes parecem estar muito próximos, quanto à definição do motor da história. Neste contexto, contemporização ou compromisso fazem a figura de estratégias teoricamente inconsistentes e moralmente patéticas que bloqueiam o progresso. Neoliberais e neoconservadores não rejeitam o rótulo de ativistas revolucionários que pretendem substituir, sem grandes preocupações com as formalidades jurídicas, o velho pelo novo. E, realmente, este rótulo até se adequa a não poucos perfis biográficos de doutrinadores neoliberais e neoconservadores, saídos dos movimentos de movimentos de extrema esquerda, desde o trotskismo ao marxismo-leninismo e ao maoismo.

Ao insistir na necessidade da destruição para que se gere a criação, a "revolução neoliberal" modifica radicalmente a constituição jurídica, o conceito de direitos adquiridos e o próprio âmbito de aplicação do conceito de sujeito de direitos.

Necessitando da destruição para criar, a economia capitalista não suporta situações garantidas à partida. Nenhum direito está isento, pela sua genealogia (*pedigree*), do teste de que é capaz de resistir a novas pretensões de direitos dos empreendedores que emergem. Nenhuma situação pode ser considerada como adquirida para sempre. "Direitos adquiridos" são vistos como privilégios que pretendem escapar ao dinamismo destruidor/criador da crise. Se não puder resistir, se não for competitiva, uma situação será legitimamente destruída.

Este darwinismo económico sacrifica as utilidades, os bens, os direitos das gerações anteriores às utilidades, aos bens e aos direitos, em princípio mais produtivos, das novas gerações. A luta de gerações substitui a luta de classes. Do mesmo modo, exclui a garantia dos direitos dos mais fracos, que frustraria e seleção natural das situações, em que a supressão das menos rentáveis é condição do sucesso das mais rentáveis. A luta contra os possidentes é sempre conduzida em nome dos que não têm nada, embora os resultados finais, que já se podem medir hoje, seja invariavelmente progressiva concentração da riqueza e do bem-estar e o incessante crescimento do número dos que não têm nada.

Como os ciclos económicos se sucedem, mesmo as situações produzidas pelo mercado estão sujeitas a esta contínua luta pela sobrevivência. Devem ter um estatuto precário e estar sujeitas ao permanente desafio de situações emergentes, em geral mais competitivas. Assim, os contratos podem ser quebrados se isso for mais eficiente (*efficient breach of contracts*), um direito pode ser expropriado a favor de um terceiro que o torne mais produtivo, devem cessar todas as garantias de manutenção dos contratos e das suas condições, nomeadamente as que visem proteger as partes mais fracas (trabalhadores, inquilinos, consumidores).

Num cenário de contínua e impiedosa mudança, as regras públicas de proteção dos direitos perdem a eficácia, deixando de constituir uma blindagem pública de todos os direitos de todos. A proteção jurídica, agora, adquire-se também ela no mercado, a milícias especializadas em construir mecanismos complexos e casuísticos de proteção jurídica (*securization*, blindagem) ou em acautelar os riscos de perda de direitos por meio de esquemas de seguros. Mas, perdendo a garantia de direitos a sua natureza pública e geral, passa a estar apenas disponível para quem a possa adquirir.

Em contrapartida, ao empreendedor autoconfiante e impiedoso, predador de direitos e hostil à concertação e ao compromisso, é reconhecido um direito originário a fazer prevalecer ilimitadamente os seus interesses, sem contemplações pelos amigos (*cronies*), pelos compatriotas, pelos mais fracos ou mais velhos, pelo interesse dito da comunidade, sem intenções ou necessidade de entrar em compromissos. Tal como nos jogos de fortuna e azar, *the winner takes it all*. Detentor de todos os direitos, de destruir e de criar, este novo ator tende a constituir-se no único sujeito de direitos. Realmente, pondo as coisas de forma brutal, este darwinismo social reduz o universo dos titulares de direitos aos empreendedores, aos mais fortes, aos conquistadores, aos sobreviventes. E mesmo estes, só enquanto o forem.

Este paradigma neoliberal de organizar a sociedade com base na luta social impiedosa representa uma situação extrema e pura que ainda não se consumou, nem talvez consiga consumar-se. O direito, como garantia de situações adquiridas e como norma de ponderação de interesses contraditórios, ainda existe, como existem os modelos mentais e as instituições sociais adequadas à sua realização.

O certo é que, num cenário de crise, os que pensam que estão na crista da onda do progresso histórico reclamam com mais força para si a inevitabilidade das coisas naturais e a legitimidade moral de uma via que se entende como apontando para a salvação e para o progresso. Isto torna-os impacientes e agressivos, encarando como obstáculos importunos a invocação de direitos, de mecanismos processuais, de formalidades, de prazos ou moratórias, de processos de consensualização. Enfim, de todos aqueles dispositivos que mobilam o mundo dos juristas. Não é, por isso, de estranhar que surja hoje uma corrente radical, hostil ao primado político dos juristas, fundamentalmente porque é hostil ao primado do direito e do modelo jurídico de adjudicação.

Nos países em crise, a discussão pública está cheia de motes que são consistentes com uma visão da crise como uma luta final entre a sociedade do futuro, dinâmica e competitiva, e a sociedade do passado, refém dos velhos, conservadora, corporativa, ineficiente.

Listo os principais:

- Subordinação da constituição política à constituição da crise. Um tema de recorte schmittiano que limita a validade da constituição (e do direito) a situações de normalidade, definindo os estados de exceção como domínios da pura política, em que os que governam ficam livres do primado do direito, escolhendo arbitrariamente as vias de salvação da república.
- Denúncia da estabilidade jurídica como obstáculo ao progresso. O argumento começou por ser usado na discussão acerca da "flexibilização" do direito laboral; mas tem-se estendido a outros debates, como o da manutenção dos salários acordados, a garantia das pensões vencidas e o dos subsídios ou prestações públicas contratualizadas (subsídios, rendas, garantias de exploração, benefícios fiscais), embora com ênfases diversos.
- Redução dos direitos adquiridos aos que resultam dos mecanismos do mercado.
- Desvalorização de todos os processos que visam a consensualização social como meros custos externos (ineficiências no processo de decisão). Daí o menosprezo dos mecanismos de concertação social, do princípio da colegialidade dos processos de decisão, da obrigatoriedade de consultoria técnica especializada prévia (v.g., no domínio de questões com impacto ambiental). No limite, a preocupação pela eficácia atinge os chamados "custos da democracia".

É sobre este pano de fundo de um conflito radical de imaginários sociais profundos e globais que terão que ser lidas as discussões que este livro analisa, sobre o direito, os tribunais e "modelo jurídico" de resolver os conflitos, discussões que ocorrem não apenas em Portugal, mas antes em todo o mundo capitalista "avançado" e, mais agudamente, nos países sob pressão financeira e económica.

Para além desta análise dos argumentos técnicos acerca da justiça constitucional e das questões que lhe são postas, a denúncia da falácia cientista e da falsa inevitabilidade neoliberais e a defesa da pluralidade da política e das vantagens do modelo jurídico de escolha plural, ponderada e compromissória pode vir a ser, nos próximos tempos, a missão mais decisiva dos juristas.

Lisboa, Janeiro de 2014
António Manuel Hespanha

"A Constituição é a alma dos Estados"
Sócrates (436-338 A.C.)

1. Introdução

A fiscalização da constitucionalidade das leis do Orçamento do Estado (OE), na dimensão relacionada com a afectação dos direitos individuais dos cidadãos contribuintes, deixou de ser algo extraordinário de que apenas os juristas se iam dando conta para entrar, senão no domínio da informação do cidadão comum, pelo menos na expectativa desse cidadão, quando não – e cada vez mais – passou a ser uma sua exigência.

Com efeito, com o advento da crise e da austeridade, subsequentes à crise financeira e bancária de 2007/2008 e à ajuda externa de que Portugal se socorreu em Maio de 2011, assinando o Memorando de Entendimento sobre as Condicionantes da Política Económica (Memorando de Entendimento) com a União Europeia (EU), o Banco Central Europeu (BCE) e o Fundo Monetário Internacional (FMI) e prevendo a aplicação, até meados de 2014, de um programa de políticas económicas e financeiras – Programa de Ajustamento Económico e Financeiro (PAEF) –, têm vindo a ser adoptadas medidas, nomeadamente nas Leis do Orçamento do Estado para 2011, 2012 e 2013, cuja constitucionalidade tem vindo a ser cada vez mais questionada[1], por afectarem os direitos dos cidadãos contribuintes.

---

[1] Esse questionamento irá continuar face às medidas constantes da Lei nº 83-C/2013 de 31.12 (OE2014), recentemente aprovada na Assembleia da República (AR) e promulgada pelo Presidente da República (PR), embora em menor intensidade do que em relação ao OE2013, dado que a fiscalização sucessiva, abstracta, daquela lei não foi suscitada pelo PR e apenas foi pedida, até agora, por dois grupos de deputados da AR – um constituído por deputados do PS e outro constituído por deputados do PCP, BE e PEV – e pelo Provedor de Justiça,

Assim, a reflexão interrogativa que José Casalta Nabais fazia em 1993, na parte final do seu estudo sobre a jurisprudência fiscal do Tribunal Constitucional (TC), de saber se a circunstância de se vir questionando mais a forma do que a substância dos impostos reflectiria uma "situação de justiça fiscal ou a resignação dos cidadãos" (Nabais, 1993:431), não tem mais espaço no campo da dúvida. Hoje é uma certeza que os cidadãos não se resignam e vêm questionando cada vez mais a "justiça fiscal", por força das leis aprovadas na AR, quer directamente nos tribunais, quer exigindo aos órgãos ou entidades competentes esse questionamento junto do TC, para assim ser analisada a sua conformidade constitucional.

O primeiro propósito deste texto é procurar perceber se o modelo de fiscalização da constitucionalidade das leis no ordenamento jurídico português, que se caracterizará ainda que brevemente, tem funcionado, e em que termos, quanto à fiscalização das leis do Orçamento do Estado que sejam susceptíveis de afectar os direitos individuais dos cidadãos. Ficarão assim de fora desta análise a fiscalização daquelas leis noutras dimensões, máxime quanto à eventual violação dos direitos de pessoas colectivas, dos estatutos das regiões autónomas dos Açores e da Madeira e da Lei das Finanças das Regiões Autónomas.

Dessa percepção há-de resultar a recolha de um conjunto de decisões de fiscalização das leis do OE, quer do TC quer dos tribunais comuns e administrativos, as quais serão objecto de análise com vista a surpreender e alinhar os argumentos nelas usados, quer no que tange à constitucionalidade quer quanto à inconstitucionalidade de normas dessas leis relacionadas com os direitos individuais dos cidadãos.

Alinhados aqueles argumentos, proceder-se-á a uma análise crítica da forma como tem sido abordada a questão da constitucionalidade daquelas normas e, ainda, procurar-se-á enquadrar sob o enfoque da "constituição fiscal" a apreciação que deve ser feita sobre a (in)constitucionalidade das leis do orçamento do Estado.

Concomitantemente procurar-se-á dar conta da jurisprudência mais relevante dos Tribunais, Cortes ou Conselhos Constitucionais que

---

isto sem prejuízo de eventuais fiscalizações concretas futuras, na sequência de processos a instaurar em tribunal.

procederam à fiscalização constitucional de medidas de natureza similar adoptadas por governos e parlamentos europeus, na sequência da recente crise económica e financeira.

Em termos meramente tópicos aborda-se, ainda, a questão dos eventuais reflexos entre o modelo de recrutamento de juízes do TC e a fiscalização da constitucionalidade das leis e extraem-se algumas conclusões, em jeito de síntese, da análise que se procurou efectuar ao longo do texto.

Finalmente, em item que surgiu posteriormente à elaboração do texto inicial, procura proceder-se a uma primeira análise, necessariamente não exaustiva, de algumas normas da lei do OE2014 que reincidem em medidas de duvidosa constitucionalidade, como é o caso da redução de vencimentos (art.º 33º), da contribuição extraordinária de solidariedade (art.º 76º), da contribuição sobre as prestações de doença e de desemprego (art.º 115º) e da sobretaxa em sede de IRS (art.º 176º) ou que introduzem medidas novas, igualmente questionáveis pelos mesmos fundamentos, como ocorre quanto à suspensão dos complementos de pensão (art.º 75º) e à redução das pensões de sobrevivência dos cônjuges e ex-cônjuges (art.º 117º), procurando aferir da sua conformidade face ao texto fundamental e à jurisprudência que o TC vem traçando, nomeadamente nos acórdãos que se pronunciaram sobre as leis do orçamento do Estado respeitantes aos anos de 2011, 2012 e 2013.

2. O modelo de fiscalização da constitucionalidade das leis no ordenamento jurídico português e o seu funcionamento quanto à fiscalização das leis do Orçamento do Estado

2.1. Caracterização do modelo de fiscalização da constitucionalidade das leis

O modelo de fiscalização da constitucionalidade das leis no ordenamento jurídico português é considerado «um dos mais característicos exemplos da coabitação entre o "sistema americano" e o "sistema austríaco" de justiça constitucional» (Moreira, 2001:95). É um modelo designado de "misto", por combinar elementos de outros modelos, com controlo político mas também jurisdicional, com fiscalização da constitucionalidade difusa mas também concentrada, com fiscalização abstracta em contraponto com fiscalização concreta e, ainda, fiscalização incidental mas também fiscalização directa.

Assim, o Tribunal Constitucional é o principal órgão de fiscalização da constitucionalidade e decide em última instância as questões de constitucionalidade, mas não detém o monopólio dessa fiscalização [cfr. art.ºs 221º e 223º nºs 1 e 3, ambos da Constituição da República Portuguesa (CRP)]. Com efeito, todo e qualquer tribunal, nos casos submetidos ao seu julgamento, tem competência para julgar questões de constitucionalidade e declarar a inconstitucionalidade de normas, sendo essas decisões sempre recorríveis para o TC (cfr. art.ºs 204º e 280º, ambos da CRP).

A fiscalização abstracta e concentrada da constitucionalidade é da competência exclusiva do TC, ocorre por via da fiscalização preventiva e da fiscalização sucessiva e a iniciativa do pedido de fiscalização é limitada às entidades ou órgãos públicos enunciados nos art.ºs 278º e 281º da CRP[2]. Concluindo o TC pela inconstitucionalidade as consequências são, no caso da fiscalização preventiva, a não entrada em vigor da norma, por veto do PR e, no caso de declaração de inconstitucionalidade no âmbito da fiscalização sucessiva, a nulidade da norma com força obrigatória geral (cfr. art.ºs 282º e 279º da CRP).

Já a fiscalização concreta, difusa e incidental, é levada a cabo por qualquer tribunal, nos processos em que a questão da constitucionalidade da norma seja suscitada pelas partes ou pelo Ministério Público (MP), podendo ser ainda da iniciativa do próprio juiz. A decisão proferida tem apenas reflexo e valor para o caso concreto, sendo susceptível de recurso para o TC, recurso este que é obrigatório para o MP em determinados casos (cfr. art.º 280º nºs 1, 2 e 5 da CRP).

Encontra-se ainda prevista uma outra forma de fiscalização, a inconstitucionalidade por omissão, da competência do TC (cfr. art.º 283º da CPR), que tem por objecto a falta de adopção de medidas legislativas para cumprir a Constituição, cuja análise não é relevante para os efeitos do presente texto, que se centra na constitucionalidade das leis de orçamento aprovadas pela AR.

António Araújo e Pedro Coutinho Magalhães, no seu estudo sobre a justiça constitucional, traçam um elucidativo quadro-resumo das competências de controlo da constitucionalidade do Tribunal Constitucional português, dos requerentes dos pedidos de fiscalização e do seu objecto (Araújo, Magalhães, 2000:213).

*

---

[2] Presidente da República (PR), Representantes da Republica (Rep.R), Primeiro-ministro (PM) e 1/5 dos Deputados à Assembleia da República em efectividade de funções (Dep.AR) quanto ao pedido de fiscalização preventiva e, no que tange ao pedido de fiscalização sucessiva, aquelas mesmas entidades (com diferença quanto ao nº de deputados, que passa para um 1/10 dos deputados à AR) e, ainda, Presidente da Assembleia da República (PAR), Provedor de Justiça (Prov.J), Procurador-Geral da República (PGR) e autoridades ou órgãos das regiões autónomas, estas, tal como o Rep.R, "quando o pedido de declaração de inconstitucionalidade se fundar em violação dos direitos das regiões autónomas ou o pedido de declaração de ilegalidade se fundar em violação do estatuto da respectiva região ou de lei geral da República".

2.2. Funcionamento da fiscalização da constitucionalidade das leis do Orçamento do Estado

Caracterizado, ainda que brevemente, o modelo de fiscalização da constitucionalidade das leis no ordenamento jurídico português, procuremos agora perceber como é que o mesmo tem funcionado quanto à fiscalização das leis do OE que afectem ou sejam susceptíveis de afectar os direitos individuais dos cidadãos contribuintes.

Como bem assinalava Casalta Nabais, no citado estudo de 1993, não havia até então jurisprudência constitucional relativa ao conceito de sistema fiscal, a não ser a referência constante do Ac. nº 11/83 do TC, no sentido de que o princípio constitucional de estruturação do sistema fiscal com vista à repartição igualitária da riqueza e dos rendimentos (então estabelecido no art.º 106º nº 1 da CRP) "respeitava ao sistema fiscal na sua globalidade e não em relação a todos e cada um dos impostos parcelares", além do *obter dictum* do Ac. nº 497/89, considerando o "sistema fiscal como o sistema dos impostos" (Nabais, 1993:392).

Embora Casalta Nabais não o inclua naquele elenco creio que o Ac. nº 303/90, que adiante analisaremos e que se debruçou sobre um artigo da lei de OE para 1989, o qual continha uma discriminação ilegítima no tocante a vencimentos dos professores portadores de curso especial, também se deve incluir nesta área.

Essa situação de inexistência de jurisprudência constitucional nesta matéria manteve-se durante muito tempo, com a excepção do Ac. nº 141/02, até que recentemente, na sequência das medidas adoptadas nas leis do OE para 2011, 2012 e 2013, o TC foi intensamente chamado a pronunciar-se sobre as medidas previstas naqueles orçamentos.

Passemos pois em revista, sumariamente por ora, o que foi apreciado e decidido nos arestos em causa.

O Ac. do TC nº 11/83 de 12.10.1983[3] apreciou a constitucionalidade dos art.ºs 1.º e 3.º do Decreto n.º 32/III, da Assembleia da República, de 23.09.83, que criava um imposto extraordinário sobre rendimentos colectáveis respeitantes ao ano de 1982 sujeitos a contribuição predial e imposto de capitais e sobre "as remunerações certas e permanentes respeitantes

---

[3] Relator: Cons. Martins da Fonseca, publicado no DR, I Série, nº 242 de 20.10

aos meses de Janeiro a Setembro de 1983", designadamente rendimentos colectáveis sujeitos a imposto profissional. Tratou-se de uma situação de fiscalização preventiva, na sequência de requerimento do PR, tendo o TC decidido, com dois votos de vencido, que não eram inconstitucionais as referidas normas.

Já o Ac. do TC nº 303/90 de 21.11.1990[4], tirado na sequência de um pedido de fiscalização sucessiva por Deputados na AR, debruçou-se sobre o n.º 11 do artigo 14.º da Lei n.º 114/88, de 30.12 [diploma que aprovou o OE para 1989 (OE1989)][5], tendo o tribunal declarado inconstitucional, com força obrigatória geral, aquela norma, por violação do princípio da confiança, ínsito no princípio do Estado de direito democrático, consagrado no artigo 2.º da CRP, com três votos de vencido.

Por sua vez o Ac. do TC nº 141/2002 de 09.04.2002[6], que surgiu na sequência de um pedido de fiscalização sucessiva por parte do PGR, analisou a inconstitucionalidade da norma constante do artigo 11º da Lei nº 2/92, de 09.03 [Lei do OE para 1992 (OE1992)], na qual se previa impor, com efeitos imediatos, um diverso, e substancialmente mais baixo limite máximo de remuneração para determinadas categorias de funcionários públicos, bem como a inconstitucionalidade da norma constante do artigo 9º da Lei nº 30-C/92, de 28.12 [aprovou o OE para 1993 (OE1993]), que veio aditar os nºs 6 e 7 ao artigo 41º do DL nº 184/89, de 02.06 mantendo a referida redução da remuneração global auferida pelo mesmo pessoal antes da entrada em vigor da Lei nº 2/92, tendo o TC decidido, por unanimidade, declará-las inconstitucionais, com força obrigatória geral, por violação do princípio da confiança, ínsito no princípio do Estado de direito democrático, consagrado no artigo 2º da CRP.

---

[4] Relator: Cons. Bravo Serra, acessível em http://www.tribunalconstitucional.pt/tc//tc/acordaos/19900303.html
[5] Este normativo, embora integrado na lei do OE1989, não poderá em rigor considerar-se uma norma orçamental – pese embora no seu voto de vencido a Cons. Maria da Assunção Esteves não afaste essa caracterização – e determinava a suspensão de vigência da Lei n.º 103/88, de 27.08, daí resultando uma diminuição real e objectiva de vencimentos dos professores habilitados com o curso especial instituído pelo Decreto-Lei n.º 111/76 e dos ex-regentes escolares.
[6] Relator: Cons. Luís Nunes de Almeida, acessível em http://www.tribunalconstitucional.pt/tc/acordaos/20020141.html

O Ac. do TC nº 396/2011 de 21.09.2011[7], tirado na sequência de um pedido de fiscalização sucessiva suscitado por um conjunto de deputados à AR, apreciou a conformidade constitucional das normas constantes do artigo 19.º da Lei n.º 55-A/2010, de 31.12 [Lei do OE para 2011 (OE2011)][8], no qual se previam reduções remuneratórias entre 3,5% a 10% para o universo das pessoas indicadas no nº 9 daquele art.º 19º (vulgarmente designadas como trabalhadores ou pessoas a exercer funções no "sector público"[9]), tendo-se decidido, com três votos de vencido, que a referida norma não padecia de inconstitucionalidade.

Igualmente na sequência de um pedido de fiscalização sucessiva por parte de um conjunto de deputados da AR, o TC proferiu o Ac. nº 353/2012 de 05.07.2012[10], também com três votos de vencido, mas agora declarando a inconstitucionalidade, com força obrigatória geral, por violação do princípio da igualdade, consagrado no artigo 13.º da CRP, das normas constantes dos artigos 21.º e 25.º, da Lei n.º 64-B/2011, de 30.12 [Lei do Orçamento do Estado para 2012 (OE2012)] restringindo no entanto os efeitos daquela declaração, no sentido de a mesma não se aplicar à suspensão do pagamento

---

[7] Relator: Cons. Sousa Ribeiro, acessível em http://www.tribunalconstitucional.pt/tc/acordaos/20110396.html

[8] O pedido abrangia ainda a fiscalização da constitucionalidade dos art.ºs 20º e 21º da lei do OE2011, que previam uma redução de 20% dos subsídios de compensação e de fixação dos magistrados judiciais e do Ministério Público, questão esta que, pela sua especificidade, não será objecto de análise neste texto.

[9] Denominação que adoptaremos neste texto, por facilidade de exposição e em contraposição ao "sector privado", para incluir neste as pessoas que exercem uma actividade privada ou trabalham em actividade económicas em que não são remuneradas por verbas públicas. Face ao nº 9 do art. 19º da lei do OE2011 – depois reproduzido nas leis do OE2012 e OE2013 – facilmente se conclui que estamos, como se salienta no Ac. 187/2013 do TC, perante "o mais lato dos sentidos admitidos pela delimitação conceitual da tradicional noção de "função pública", abrangendo por isso, «não só todos os funcionários e agentes do Estado e demais pessoas coletivas de direito público mas também os titulares de cargos públicos, incluindo os próprios titulares dos órgãos de soberania», isto é, todos "quantos explicitam um qualquer desempenho funcional na Administração Pública, Estado e outras entidades públicas" (Ana Fernanda Neves, *Relação jurídica de emprego público*, Coimbra, 1999, pág. 22) e cuja remuneração é por isso, assegurada através de verbas públicas".

[10] Relator: Cons. Cura Mariano, acessível em http://www.tribunalconstitucional.pt/tc/acordaos/20120353.html

dos subsídios de férias e de Natal, ou quaisquer prestações correspondentes aos 13.º e/ou 14.º meses, relativos ao ano de 2012.

Recentemente o TC foi interpelado por vários pedidos de fiscalização sucessiva de várias normas da Lei n.º 66-B/2012, de 31.12, que aprovou o OE para 2013 (OE2013), formulados pelo PR, um grupo de Deputados da AR, outro grupo de deputados da AR e o Provedor de Justiça, tendo proferido o acórdão n.º 187/2013 de 05.04.2013[11] que, por maioria, declarou inconstitucionais, com força obrigatória geral:

a) por violação do princípio da igualdade, consagrado no artigo 13.º da CRP, a norma do artigo 29.º da lei do OE2013 (suspensão do subsídio de férias aos trabalhadores activos do sector público) e consequencialmente a norma do artigo 31.º da lei do OE2013, na medida em que manda aplicar o disposto no artigo 29º dessa lei aos contratos de docência e de investigação, além da norma do artigo 77.º da lei do OE2013 (suspensão do pagamento do subsídio de férias ou equivalentes de aposentados e reformados);
b) por violação do princípio da proporcionalidade, ínsito no artigo 2.º da CRP, a norma do artigo 117.º, n.º 1, da lei do OE2013 (contribuição sobre prestações de doença e desemprego).

Mais se decidiu, neste aresto, também com votos de vencido, não declarar a inconstitucionalidade das normas dos artigos 27.º (redução remuneratória dos trabalhadores do sector público), 45.º (redução do pagamento do trabalho extraordinário), 78.º [contribuição extraordinária de solidariedade (CES)], 186.º (altera o Código do IRS, nomeadamente reduzindo de oito para cinco os escalões de rendimento colectável, criando uma taxa adicional de solidariedade e reduzindo as deduções à colecta relativas às despesas de saúde, educação e formação, despesas com imóveis para habitação própria e permanente, ou com rendas de habitação própria do arrendatário) e 187.º (sobretaxa de 3,5% no IRS), todos da lei do OE2013.

---

[11] Relator: Cons. Carlos Fernandes Cadilha, acessível em http://www.tribunalconstitucional.pt/tc/acordaos/20130187.html

No âmbito dos tribunais comuns e tribunais administrativos, que sejam do nosso conhecimento[12], há pelo menos duas decisões que se debruçaram sobre a conformidade constitucional da lei do OE2011.

Assim, por sentença de 22.12.2011, proferida no processo nº 1444/11.8TTLSB[13], do 4º Juízo, 2ª Secção do Tribunal de Trabalho de Lisboa (TTL), foi declarada a inconstitucionalidade material, por violação do princípio da igualdade, previsto no art.º 13º nº 1 da CRP, dos art.ºs 19º, 28º e 31º da lei do OE2011, das quais resultava a imposição de redução de retribuições e congelamento de progressão na carreira dos trabalhadores associados do autor[14].

Porém, na sequência do recurso interposto desta decisão do TTL o TC, através da decisão sumária nº 209/2012[15] de 26.04.12 e considerando que a decisão recorrida não acrescentava nenhum argumento novo, reafirmou o juízo de não inconstitucionalidade adoptado no Ac. nº396/11 do TC e decidiu nesse sentido.

Em processo intentado no Tribunal Administrativo e Fiscal do Porto (TAFP)[16], a questão que foi colocada ao tribunal prendia-se com as medidas adoptadas na lei do OE2011, nomeadamente no que tange à redução de remunerações, sendo questionada, em concreto, a conformidade constitucional dos art.ºs 19º, 21º, 68º e 162º daquela Lei[17]. O acórdão do Tribunal, de 04.06.2012[18], com um voto de vencido, foi no sentido da procedência

---

[12] Poderão existir mais decisões dos tribunais de 1ª instância mas dado não existir uma base de dados com tais decisões não é possível fazer uma pesquisa exaustiva. No que tange aos tribunais superiores, salvo erro ou omissão, não existem decisões publicadas sobre esta temática.
[13] Sentença que veio a ser objecto da Decisão sumária nº 209/2012 do TC, como adiante se dará conta.
[14] A questão foi colocada ao tribunal por um sindicato, contra uma pessoa colectiva de direito privado, com estatuto de sociedade anónima de capital exclusivamente público (CTT-Correios de Portugal, S.A.).
[15] Relator Cons. Carlos Fernandes Cadilha, acessível em http://www.tribunalconstitucional.pt/tc/decsumarias/20120209.html
[16] A acção foi proposta por uma magistrada do Ministério Público contra o Ministério da Justiça e daí o foro ter sido o tribunal administrativo.
[17] Embora para a economia deste texto iremos abstrair da problemática suscitada pelos art.ºs 21º, 68º e 162º citados face à especificidade da questão que lhes está subjacente, relacionada com o subsídio de compensação e pensões de jubilação dos magistrados do Ministério Público.
[18] Decisão que veio a ser objecto do Ac. 203/2013, do TC, como adiante se dará nota.

da acção, concluindo pela inconstitucionalidade material, por violação dos princípios da proporcionalidade e da igualdade, previstos nos art.ºs 13º nº 1 da CRP, das normas da lei do OE2011 em causa.

Já na sequência do recurso interposto desta decisão do TAFP o TC, através do Ac nº 203/2013[19] de 10.04.13, embora com um voto de vencido, invocando também a inexistência de fundamentos novos na decisão recorrida, reafirmou o juízo de não inconstitucionalidade adoptado no Ac. nº 396/11 do TC e decidiu nesse sentido.

Perante este conjunto de decisões, creio que é acertado concluir que o modelo de fiscalização da constitucionalidade das leis tem funcionado também quanto à fiscalização das leis do orçamento do Estado. Com efeito, não só temos decisões suscitadas em termos de fiscalização preventiva como sucessiva, assim como em casos de controlo concentrado abstracto e em situações de fiscalização concreta difusa.

---

[19] Relator Cons. Pedro Machete, acessível em http://www.tribunalconstitucional.pt/tc/acordaos/20130203.html

3. Os argumentos esgrimidos, que fizeram vencimento, no sentido da constitucionalidade de normas das leis do Orçamento do Estado

A (in)constitucionalidade das leis não se pode analisar em termos estanques ou rígidos, de argumentos contra ou a favor da constitucionalidade, pois só as normas em causa e, no que tange aos orçamentos do Estado, as medidas concretas adoptadas e o contexto da sua adopção, permitirão efectuar uma adequada análise dos argumentos, do modo como foram ponderados e aplicados e se se comparou o que era "comparável".

Afigura-se-me ainda assim útil utilizar um modo esquemático de análise alinhando os argumentos que fizeram vencimento no sentido da constitucionalidade ou inconstitucionalidade das questionadas normas, considerando precisamente os contextos em que foram adoptadas, visando também desta forma concentrar o argumentário usado e, assim, ter uma melhor dimensão da sua robustez ou, se for o caso, da sua falta de consistência.

Assim, a favor da constitucionalidade de normas das leis do OE que vêm sendo questionadas como afectando os direitos individuais dos cidadãos contribuintes, é possível surpreender os argumentos abaixo elencados.

*

3.1. Não consagração constitucional do princípio da irretroactividade da lei fiscal

Este argumento foi usado no Ac. nº 11/93 do TC, com base na ideia de que o princípio da legalidade da lei tributária, consagrado no art.º 106º da CRP, então em vigor[20], não consagrava o princípio da irretroactividade da lei fiscal, nem este decorria daquele, ainda que de forma implícita. Assim como não podia fundar-se essa irretroactividade na violação do princípio da confiança ínsito na ideia de Estado de direito democrático porquanto, no juízo formulado pelo tribunal, as medidas em causa na lei do OE1993 não afectariam "de forma inadmissível e arbitrária os direitos e expectativas legitimamente fundados dos cidadãos contribuintes".

Isto apesar de o imposto em questão incidir sobre rendimentos produzidos antes da entrada em vigor do diploma em causa, ou "factos passados", como os qualifica o Cons. Vital Moreira no seu voto de vencido.

Na ponderação daquele juízo o tribunal apelou ao "condicionalismo específico em que o imposto em causa é criado", ("atalhar a uma situação excepcional de défice, ocorrendo numa conjuntura económico-financeira de crise e reclamando medidas urgentes e imediatas para a sua contenção") e "à natureza que em vista disso o mesmo imposto assume" ("carácter extraordinário e transitório").

*

3.2. Não consagração da irredutibilidade dos salários como direito fundamental

a) Lei do OE2011

O TC considerou, no Ac. nº 396/2011, que a regra da irredutibilidade dos salários se inscrevia apenas no direito infraconstitucional e, mesmo

---

[20] Este preceito, com a epígrafe "sistema fiscal", foi renumerado na Revisão Constitucional de 1997 com o nº 103 e alterado o seu nº 3, com o acrescento infra sublinhado, o qual passou a ter a seguinte redacção:
"3 – Ninguém pode ser obrigado a pagar impostos que não hajam sido criados nos termos da Constituição, que tenham natureza retroactiva ou cuja liquidação e cobrança se não façam nos termos da lei".

aí, não seria absoluta, pois que não existiria um direito à irredutibilidade do salário consagrado na legislação laboral, susceptível de ter força de direito fundamental, por virtude da cláusula aberta do artigo 16.º, n.º 1, da CRP.

Igualmente considerou que a irredutibilidade do salário não era uma exigência da dignidade da pessoa humana, ou que se impunha como um bem primário ou essencial, sendo apenas direito fundamental o "direito à retribuição" e não o direito a um concreto montante dessa retribuição, irredutível por lei, independentemente das circunstâncias e das variáveis económico-financeiras, pelo que só face aos princípios constitucionais da confiança e da igualdade se poderia aferir da conformidade constitucional das normas que na lei do OE2011 impunham a redução entre 3,5% a 10% para as pessoas que exercem funções ou trabalham no vulgarmente designado "sector público" (art.º 19º).

*

b) Lei do OE2013

A jurisprudência do Ac. nº 396/2011 foi reafirmada no Ac. nº 187/2013, no que tange à norma da lei do OE2013 que previa a redução do valor das remunerações mensais superiores a € 1 500,00, em termos iguais à redução que tinha ocorrido nas leis do OE2011 e OE2012 (art.º 27º) e foi estendida, por "identidade de razão", à norma da lei do OE2013 que previa a suspensão do pagamento do subsídio de férias ou quaisquer prestações correspondentes ao 14.º mês (artigo 29.º). Isto depois de o Tribunal ter justificado que a prestação pecuniária correspondente ao subsídio de férias ou 14.º mês integrava o conceito de retribuição e ter considerado que não havia razões para afastar aquele entendimento, nem se perspectivavam fundamentos qualitativamente diferenciados que o contrariassem.

*

3.3. Não violação do princípio da confiança ínsito no princípio de Estado de direito democrático

a) Lei do OE2011

No citado Ac. n.º 396/2011 o TC analisou se o referido art.º 19º violava o princípio da confiança, discorrendo sobre os seus requisitos e concluindo que não era colocado em causa tal princípio.

Para chegar a tal conclusão o TC argumentou que:

(i) não se podia ignorar "que atravessamos reconhecidamente uma conjuntura de absoluta excepcionalidade, do ponto de vista da gestão financeira dos recursos públicos", facto que teria gerado "forte pressão sobre a dívida soberana portuguesa";

(ii) neste contexto e no âmbito de uma "estratégia ... a nível europeu" teria entrado "na ordem do dia a necessidade de uma drástica redução das despesas públicas, incluindo as resultantes do pagamento de remunerações", como também aconteceu noutros países europeus;

(iii) perante este panorama até podia "pôr-se em dúvida" se quando as reduções entraram em vigor, "persistiam ainda as boas razões que, numa situação de normalidade, levam a atribuir justificadamente consistência e legitimidade às expectativas de intangibilidade de vencimentos";

(iv) não podia razoavelmente duvidar-se que estas "medidas de redução remuneratória visam a salvaguarda de um interesse público que deve ser tido por prevalecente", interesse público que é qualificado de "fulcral" e com "carácter de premência", razão decisiva para rejeitar estarmos perante uma desprotecção da confiança constitucionalmente consagrada.

Ainda a este propósito argumenta-se no acórdão que eram "medidas de política financeira basicamente conjuntural, de combate a uma situação de emergência", adoptadas pelo "órgão legislativo devidamente legitimado pelo princípio democrático de representação popular" e que não se podia "contestar esse poder-dever" daquele órgão.

*

b) Lei do OE2013

b.1) Redução das remunerações

No que tange às reduções das remunerações, o Ac. nº 187/2013 do TC, depois de invocar a doutrina que adoptou no Ac. nº 396/2011 e que neste aresto já fazia notar que era "praticamente certa" a "duração plurianual" da medida de redução dos vencimentos e a necessidade da sua inclusão nas leis de orçamento dos anos subsequentes", argumenta que, mantendo-se a situação de necessidade financeira, a relativização das expectativas em torno da irredutibilidade das remunerações a pagar por verbas públicas seria agora mais "acentuada" e "evidente", pelo que nem se poderia dizer que os destinatários da norma não pudessem contar com a redução em causa.

Por outro lado, na perspectiva do Tribunal, as razões de interesse público subjacentes à medida em causa não permitiam afirmar ser a mesma destituída de fundamento prevalecente, pelo que não seria possível formular um juízo de violação do princípio da confiança.

*

b.2) Suspensão[21] do pagamento do subsídio de férias ou equivalente

Quanto à suspensão do pagamento do subsídio de férias ou equivalente dos trabalhadores ou pessoas que exercem funções no "sector público" o Ac. 187/2013, apesar de reconhecer que poderia ter "ocorrido um acréscimo de expectativas" face à circunstância de o TC, no seu acórdão n.º 353/2012, ter julgado inconstitucionais as medidas de suspensão do subsídio de férias e de Natal, ainda assim considera que a adopção de uma tal medida,

---

[21] Esta terminologia, "suspensão", usada no art. 29º da lei do OE2013, a mesma que já tinha sido usada no art.º 25º da lei do OE2012, é no mínimo curiosa. Em bom rigor se se tratasse de uma verdadeira suspensão, ou seja, um adiamento, os subsídios deveriam ser pagos quando terminasse o período justificativo da "suspensão", eventualmente o período do PAEF, equivalendo assim a uma "moratória forçada", que poderia incluir o não pagamento de juros. Mas, como é patente, procurou apenas "embrulhar-se" a medida numa linguagem menos agressiva, pois do que se trata é de uma verdadeira ablação do direito àquelas prestações remuneratórias.

nessas circunstâncias, não justificava ou merecia, "na exclusiva perspetiva da tutela da confiança", uma ponderação substancialmente distinta daquela que tinha sido formulada quanto à manutenção da redução salarial, até porque eram "patentes as razões de interesse público que justifica[va]m as alterações legislativas", pelo que concluiu que não se mostrava violado o princípio da confiança.

No que tange à "supressão" de 90% do subsídio de férias aos pensionistas o TC considerou que, "face à excecionalidade do interesse público em causa e o caráter transitório da medida", se podia ainda entender, "no limite", que a mesma "não constitui uma ofensa desproporcionada à tutela da confiança".

*

b.3) Contribuição extraordinária de solidariedade social (CES)

O TC analisou, à luz do princípio da confiança, a medida prevista no art.º 78º da lei do OE2013 que, à semelhança do ocorrido nas leis do OE2011 e OE2012, previa uma CES, agora com acréscimo da base de incidência e, também, alargamento do universo das pensões atingidas, com uma taxa a variar progressivamente entre 3,5% e 40%.

Nessa análise o Ac. nº 187/2013 considerou que a CES é juridicamente configurada no preceito que a institui como uma "contribuição para a segurança social", com a singularidade de tal contribuição ser "exigida aos actuais beneficiários dos regimes previdenciais", o que constitui um "desvio ao funcionamento do sistema", porque introduz uma "nova modalidade de financiamento da segurança social que abarca os próprios beneficiários das prestações sociais", facto ainda mais evidente no caso dos "beneficiários de modalidades privadas de proteção social", uma vez que estes são exteriores ao sistema público de segurança social.

Na ponderação que efectuou o TC atendeu:

(i) à natureza conjuntural da CES e à "emergência" de redução da afectação de verbas públicas à manutenção do sistema de segurança social, bem como ao seu enquadramento na "finalidade de satisfação das metas do défice público" exigidas pelo PAEF;

(ii) à recente evolução verificada no regime previdencial de segurança social que apontava já para "uma gradual adaptação do quadro legal das pensões aos novos condicionalismos sociais, de modo a garantir-se a maior equidade e justiça social na sua concretização";

(iii) a que as expectativas de estabilidade na ordem jurídica estariam atenuadas pelo condicionalismo que levou à adopção da medida;

(iv) às relevantes razões de interesse público que justificavam a medida e,

(v) embora não ignorando a intensidade do sacrifício causado aos particulares atingidos pela medida, concluiu que, "neste contexto", não havia "nenhuma evidência" de violação do princípio da protecção da confiança.

*

3.4. Não violação do princípio da proporcionalidade pela necessária conjugação do princípio da protecção da confiança com o princípio da proibição do excesso

a) Lei do OE2011

O Ac. nº 396/2011 justifica a não violação do princípio da proporcionalidade face às reduções salariais estabelecidas no art.º 19º da lei do OE2011, com base nos seguintes fundamentos:

(i) a medida não só seria "idónea" para fazer face à situação de défice orçamental e crise financeira como é algo que para o TC isso "resulta evidente e se pode dar por adquirido";

(ii) as reduções remuneratórias não se poderiam considerar "excessivas, em face das dificuldades a que visam fazer face", caso fossem de qualificar como "indispensáveis", o que teria que ser aferido em face do princípio da igualdade e da ponderação de eventuais medidas alternativas, designadamente as que pudessem produzir efeitos de abrangência pessoal mais alargada.

*

b) Lei do OE2013

b.1) Redução das remunerações

No Ac. nº 187/2013 afirma-se que não havia motivo para alterar o julgamento efectuado no Ac. nº 396/2011, quanto à não inconstitucionalidade das reduções de remunerações, com base nas razões que tinham conduzido neste último aresto ao entendimento de que o "sacrifício adicional" transitoriamente exigido a essa categoria de pessoas não consubstanciava, naquele contexto de excepcionalidade, "um tratamento injustificadamente desigual".

Questão diferente desta era a de "saber se o efeito cumulado da redução da remuneração mensal base com a suspensão do pagamento do subsídio de férias ou equivalente a que se refere o artigo 29º", já seria susceptível de representar "violação do princípio da igualdade proporcional", questão que o Tribunal remeteu para análise, à luz da medida prevista no art.º 29º.

b.2) CES

No Ac. nº 187/2013 o TC afastou a violação do princípio da proporcionalidade, em qualquer das suas vertentes de adequação, necessidade ou justa medida, quanto à CES prevista no art.º 78º da lei do OE2013.

Para assim concluir afirmou que:

(i) era "patente" que a medida em causa era "adequada aos fins que o legislador se propôs realizar", a redução excepcional e temporária da despesa no pagamento de pensões e a obtenção de um financiamento suplementar do sistema de segurança social;

(ii) não se afigurava a existência de alternativas, pelo que a medida cumpria o princípio da necessidade;

(iii) a medida não se afigurava "desproporcionada ou excessiva", face ao carácter excepcional e transitório, à graduação da medida do sacrifício através da aplicação de taxas progressivas e atenta a exclusão daqueles que mais poderiam ser afectados, com pensão de valor inferior a € 1 350,00;

(iv) a redução das pensões mesmo no casos das taxas contributivas percentuais mais elevadas de 15% e 40% constituía ainda assim uma "medida conjuntural de caráter transitório", justificada por "situação de emergência económica e financeira", que não correspondia a uma "ablação do direito à pensão" e, nessa medida, não podia atribuir-se a essa contribuição uma natureza confiscatória já que, para aferir do confisco, segundo doutrina que cita, o factor "relevante e decisivo não é aquilo que o imposto retira ao contribuinte, mas o que lhe deixa ficar».

*

3.5. Não violação do princípio da igualdade

a) Lei do OE2011

O princípio da igualdade não teria sido afectado na lei do OE2011 porquanto o TC, no Ac. nº 396/2011, apesar de reconhecer:

(i) que ficavam foram do âmbito de incidência da norma em causa "os trabalhadores com remunerações por prestação de actividade laboral subordinada nos sectores privado e cooperativo, os trabalhadores por conta própria, bem como todos quantos auferem rendimentos de outra proveniência" e até poderiam ainda ficar de fora algumas "limitadas situações de trabalhadores ... pagos por dinheiros públicos";

(ii) que era "indiscutível" que com as medidas em apreciação "a repartição dos sacrifícios impostos pela situação excepcional de crise financeira não se faz(ia) de igual forma entre todos os cidadãos com igual capacidade contributiva";

(iii) assim como também não havia "controvérsia" que era possível "a tomada de medidas de natureza tributária, conducentes à obtenção de uma receita fiscal de montante equivalente ao que se poupa com a redução remuneratória", caso em que "todas as pessoas que auferem iguais rendimentos colectáveis ficariam sujeitas a um igual sacrifício do ponto de vista da sua contribuição para os encargos

públicos", ainda assim não teve dúvidas em concluir que as reduções salariais em causa não eram "arbitrárias", por não "sobrecarregarem gratuita e injustificadamente uma certa categoria de cidadãos".

Sem outra qualificação ou análise, por ora, não pode deixar de se reconhecer que a argumentação subjacente a esta conclusão é vasta, a saber:

(i) o princípio da igualdade perante os encargos públicos não seria de transpor automaticamente para este campo da contenção do défice orçamental, já que isso seria predeterminar o tipo de soluções disponíveis e "retirar ao decisor político, democraticamente legitimado, qualquer margem de livre opção na definição dos encargos públicos e dos seus limites", questão que se situaria a montante da questão da repartição desses encargos;

(ii) o combate ao défice, pelo lado da receita ou pelo lado da despesa não é indiferente, desde logo em termos de repercussões globais no sistema económico-social, não cabendo ao TC intrometer-se nesse debate e apreciar da bondade das medidas sob esse ponto de vista;

(iii) o entendimento "de que, pelo lado da despesa, só a diminuição de vencimentos garantia eficácia certa e imediata, sendo, nessa medida, indispensável" caberia ainda na margem da livre conformação política do legislador;

(iv) a "transitoriedade e os montantes das reduções" ainda salvaguardariam os "limites do sacrifício", pelo que seria de aceitar que essa seria uma "forma legítima e necessária, dentro do contexto vigente, de reduzir o peso da despesa do Estado, com a finalidade de reequilíbrio orçamental";

(v) finalmente, a consideração de que "quem recebe por verbas públicas não está em posição de igualdade com os restantes cidadãos" e, nessa medida, o "sacrifício adicional" que é exigido a essa categoria de pessoas "não consubstancia um tratamento injustificadamente desigual", não sendo assim "arbitrária" a solução impugnada.

*

3.6. Não violação das normas da "constituição fiscal"

a) Lei do OE2013

a.1.) Suspensão do pagamento do subsídio de férias aos trabalhadores do "sector público"

No Ac. nº 187/2013, apreciando o fundamento do pedido de fiscalização da inconstitucionalidade, suscitado pelo PR, quanto à violação das normas da "constituição fiscal", especialmente o art.º 104º da CRP, concretamente no que tange ao art.º 29º da lei do OE2013 – que, em resumo, previa a suspensão do pagamento do subsídio de férias aos trabalhadores e pessoas que exercem funções no "sector público"-, o TC acaba por não ir ao fundo da questão nem pronunciar-se expressamente sobre essa invocada violação ou, pelo contrário, sobre a sua conformidade constitucional. Antes se refugia numa afirmação, que não demonstra, a de que "a norma constante do artigo 104.º, n.º 1, da Constituição, ... não serve, por isso, como parâmetro autónomo de constitucionalidade".

Não deixa de ser sintomático que, apesar de começar por considerar que, para atribuir natureza tributária à medida da suspensão do pagamento do subsídio de férias, isso pressupunha que o valor suprimido por essa forma pudesse ser qualificado como imposto ou como tributo parafiscal, acaba por não analisar se é adequada e correcta essa qualificação. Antes termina por se escudar em que não teria sido essa a orientação seguida nos anteriores acórdãos (nº 396/2011 e nº 353/2012) do Tribunal.

A seguir já é menos taxativo pois parece admitir que aquela orientação foi apenas implícita e que a apreciação, naqueles acórdãos, da questão da legitimidade constitucional das medidas relativas à redução das remunerações e à suspensão do pagamento do subsídio de férias ou equivalente, impostas nas leis do OE2011 e OE 2012, respectivamente, foi perspectivada a partir do "direito à retribuição inerente à relação jurídica de emprego público" e isto perante as "actuações do Estado-empregador, que ocorrem no âmbito da relação laboral estabelecida com os trabalhadores do sector público" e não face às "atuações do Estado enquanto titular do poder político soberano, concretizadas na edição de normas que se dirigem e impõem à generalidade dos cidadãos".

Remata depois a questão concluindo que não havia "razões para divergir deste entendimento" e que não haveria uma imposição constitucional desta "conceção radicalmente garantística", nos termos da qual "qualquer correção do desequilíbrio orçamental que contenda com posições individuais só possa constitucionalmente ser levada a cargo por via tributária pelo aumento da carga fiscal", até porque isso significaria, no entendimento do Tribunal, "uma drástica limitação do exercício do poder político soberano na orientação das medidas a tomar no campo das finanças públicas".

*

a.2.) CES

No Ac. nº 187/2013 o TC apesar de qualificar a CES como um "tributo parafiscal", enquadrável no *tertium genus* das "demais contribuições financeiras a favor dos serviços públicos" (cfr. art.º 165º nº 1 al. i) da CRP), aí referida a par dos impostos e das taxas, conclui que não obstante a sua atipicidade, se trata de uma "contribuição para a segurança social", uma forma de financiamento desta, pelo "não está sujeita aos princípios tributários gerais, e designadamente aos princípios da unidade e da universalidade do imposto".

Daí entender que não se poderiam convocar as regras do artigo 104.º, n.º 1, da Constituição, relativas ao imposto sobre o rendimento pessoal, para aferir da sua constitucionalidade.

*

3.7. Não violação do princípio da progressividade fiscal

a) Lei do OE2013

No Ac. nº 187/2013, apreciando a constitucionalidade do art.º 186º da lei do OE 2013 que introduziu alterações ao Código do Imposto de Rendimento de Pessoas Singulares (CIRS), reduzindo o número de escalões de rendimento colectável de oito para cinco e aumentando, em geral, as taxas normais e médias aplicáveis a cada escalão, o TC considerou que o "sistema continua a revelar suficiente sensibilidade à diferença de níveis de rendimento" e "que a fracção livre de imposto é proporcionalmente mais elevada para os rendimentos mais baixos, com um assinalável grau de progressão", pelo que, ainda que o "grau de progressividade" tivesse sido reduzido com a alteração em causa, essa redução situar-se-ia na "margem de livre conformação da política fiscal", não sendo em si mesma inconstitucional. Até porque não poderia afirmar-se que a nova configuração dos escalões e taxas não contribuía "ostensivamente" para a "repartição justa dos rendimentos".

*

3.8. Não violação do princípio da capacidade contributiva (enquanto decorrência do princípio da igualdade fiscal) e do princípio da consideração fiscal da família.

Apreciando as alterações introduzidas em termos de CIRS pelo art.º 186º da lei do OE2013, que procedeu à redução dos limites estabelecidos para as deduções à colecta relativamente a determinadas despesas (saúde, educação, formação, pensões de alimentos, encargos com lares e com imóveis e equipamentos novos de energias renováveis), assim como à redução do montante dos encargos com imóveis susceptíveis de dedução à colecta, o TC concluiu, no Ac. nº 187/2013, que não havia violação dos princípios constitucionais em causa.

Para o efeito ponderou que:

(i) em "matéria de deduções (objectivas e subjectivas) em sede de IRS, o legislador não pode deixar de ter uma ampla margem de apreciação" e,
(ii) embora reconhecendo que havia uma "desconsideração da capacidade contributiva e do critério de tributação segundo as necessidades do agregado familiar", ao operar-se uma "redução substancial" do limite das deduções à colecta num dos escalões e ao eliminarem-se tais deduções no último escalão, considerando que
(iii) tal ocorria "num contexto de aumento generalizado da carga fiscal, em que um maior esforço de participação na satisfação dos encargos públicos é exigido a todas as categorias de contribuintes a partir

de um rendimento mínimo tributável", justificou desta forma o seu entendimento de que a adopção daquelas medidas ainda se mantinha dentro dos "critérios da constituição fiscal" e dentro da margem de liberdade de conformação do legislador.

*

3.9. Não violação dos princípios da unidade e da progressividade do imposto sobre o rendimento, consagrados no artigo 104º, n.º 1, da Constituição

No Ac. nº 187/2013 o TC apreciou a conformidade constitucional do art.º 187º da lei do OE2013 que criou uma sobretaxa em sede de IRS de 3,5%, na parte excedente, por sujeito passivo, ao valor anual da retribuição mínima mensal garantida e concluiu que a mesma não violava os citados princípios constitucionais, mantendo antes "a globalidade do sistema um suficiente índice de progressividade".

Para chegar a tal conclusão aduziu-se que:

(i) a observância do princípio da unidade não era posto em causa pois não havia "fragmentação de rendimentos pessoais, de acordo com as suas distintas fontes", antes a "sobreposição de uma taxa suplementar às taxas já incidentes sobre um valor global de todo o rendimento pessoal";

(ii) o estabelecimento de uma "isenção até ao limite do valor anual da retribuição mínima mensal garantida" e a subtracção desse valor ao rendimento colectável, para efeito do cálculo da receita a cobrar, conferia à sobretaxa em causa "um mínimo de progressividade", uma vez que a colecta aumentaria, "não apenas em função da grandeza dos rendimentos tributados, mas também em razão da maior diferença do valor do rendimento por referência à remuneração mínima garantida", pelo que não era colocada em causa a progressividade do imposto sobre o rendimento e

(iii) ponderou-se ainda na "natureza excepcional e transitória" da mesma, bem como no seu fim, "dar resposta a necessidades de finanças públicas extraordinárias".

4. Os argumentos invocados no sentido de concluir pela inconstitucionalidade de normas das leis dos Orçamentos do Estado

4.1. Violação do princípio da confiança ínsito no princípio do Estado de direito democrático

a) *Lei do OE1989*

No Ac. n.º 303/90 do TC ponderando-se que "após a publicação da Lei n.º 103/88, se teria criado no espírito dos agentes de ensino a quem ela se destinava a convicção, certeza ou, pelo menos, *expectativas legítimas fundadas* segundo a qual, a partir de 1 de Janeiro de 1989, os mesmos assistiriam a uma melhoria dos seus vencimentos" e que isso era algo reconhecido pela ordem jurídica e com o que eles podiam contar, concluindo-se que tais legítimas expectativas teriam sido afectadas pela suspensão operada pela norma sob censura, a qual, ao suspender o referido "direito", veio frustrar aquela convicção, de forma "inadmissível (porque irrazoável, extraordinariamente onerosa e excessiva)", até porque não era descortinável nem vinha invocado qual fosse o interesse e a sua suficiente relevância que levaram à suspensão do regime da Lei n.º 103/88.

*

b) Leis do OE1992 e OE1993

No acórdão nº 141/2002 do TC, que incidiu sobre a lei do OE1992 e também sobre a lei do OE1993, na sequência de incorporação do segundo pedido do PGR por respeitar à mesma questão, o estabelecimento de um "tecto salarial" para determinado pessoal, daí resultando uma redução efectiva e significativa e com efeitos imediatos ("abruptamente" é a expressão usada no acórdão), face aos montantes já anteriormente percebidos, concluiu-se que se tinha operado uma redução da remuneração global[22] auferida por pessoal abrangido pelas normas em causa[23] e que se encontrava já em exercício de funções à data da sua entrada em vigor, tendo assim havido violação do princípio da confiança, ínsito no princípio do Estado de direito democrático, consagrado no artigo 2º da Constituição.

Para assim concluir aduziu-se como argumento que "não se descortinam – nem sequer foram invocados – quaisquer motivos que pudessem «justificar» a adopção desta medida com efeitos retrospectivos, nomeadamente

---

[22] Apesar de não se tratar da remuneração base ou fixa, antes de um suplemento remuneratório, considerou-se que não era esta natureza de "suplemento remuneratório" que justificava ou legitimava um diferente tratamento da questão, pois aquela remuneração suplementar fazia parte integrante do vencimento e existia uma "relação incindível" entre aquela remuneração e o regime especial de trabalho daqueles funcionários. Qualificou-se aliás tal suplemento remuneratório como *remuneração acessória* com um regime especial que lhe conferia uma particular estabilidade e consistência, o que justificava a expectativa do seu integral recebimento por banda dos funcionários afectados".
Não pode deixar de se sublinhar a diferente perspectiva com que o TC encarou neste Ac. nº 141/2002, aliás por unanimidade, este "suplemento remuneratório" e a forma como o "subsídio de compensação" dos magistrados foi encarado no Ac. nº 396/2011, onde se afirmou que tal subsídio estava fora do "âmbito da garantia" conferida à "retribuição em sentido próprio". E se se chama a atenção para esta diferente perspectiva não é tanto para salientar a forma como o TC não ponderou, da mesma forma, a mesma questão para diferentes grupos profissionais, embora também sirva para isso, mas acima de tudo para fazer notar que a "distanciação" temporal entre as medidas adoptadas neste caso (estamos a falar das leis do OE1992 e OE1993, apreciados dez anos depois) parecem ter dado ao TC a capacidade de decidir sem a "pressão" das consequências, ao contrário do que pode ter ocorrido nos Ac. nº 396/2011 e nº 356/2012 (neste último quando se restringiu os efeitos da declaração de inconstitucionalidade, não se aplicando ao ano de 2012, a que respeitava o OE objecto de fiscalização).
[23] Especificamente o seguinte: funcionários dependentes da Presidência da República, da Assembleia da República ou de entidades ou organismos que funcionam junto desses órgãos de soberania; membros dos gabinetes dos órgãos de soberania; funcionários dos grupos parlamentares.

particulares razões de interesse público ou uma qualquer alteração objectiva e concreta das condições de trabalho do pessoal afectado", pelo que estariam assim "verificados os pressupostos para que se deva considerar atingido o *princípio da confiança*".

*

4.2. Violação do princípio da igualdade consagrado no art.º 13º da CRP

a) Lei do OE2012

Começando por salientar que com as "medidas constantes das normas impugnadas[24], a repartição de sacrifícios, visando a redução do défice público, não se faz[ia] de igual forma entre todos os cidadãos, na proporção das suas capacidades financeiras, uma vez que elas não têm um cariz universal, recaindo exclusivamente sobre as pessoas que auferem remunerações e pensões por verbas públicas", havendo pois "um esforço adicional" de "algumas categorias de cidadãos" e, não obstante reafirmar a doutrina já avançada no Ac. n.º 396/2011, de que era "admissível alguma diferenciação entre quem recebe por verbas públicas e quem atua no setor privado da economia", assim como não se poderia considerar "injustificadamente discriminatória qualquer medida de redução dos rendimentos dirigida apenas aos primeiros", o TC acaba por concluir ser "evidente" que o diferente tratamento imposto pelas normas em causa a quem aufere remunerações e pensões por verbas públicas "ultrapassa os limites da proibição do excesso

---

[24] Artºs 21º e 25º da lei do OE2012, onde se previa:
(i) a suspensão total ou parcial do pagamento dos subsídios de férias e de Natal, ou quaisquer prestações correspondentes aos 13.º e, ou, 14.º meses, não apenas para as pessoas que auferem remunerações salariais de entidades públicas, como também para pessoas que auferem pensões de reforma ou aposentação através do sistema público de segurança social, a partir de € 600,00 (suspensão parcial) e € 1 100,00 (suspensão total), para vigorar durante o período de vigência do PAEF e sendo tal suspensão cumulativa com a redução de vencimentos já imposta pela lei do OE2011, que o art.º 20º da lei do OE2012 manteve em vigor para este ano de 2012;
(ii) acrescida, relativamente às pessoas que auferem pensões, cujo montante exceda 12 vezes o indexante dos apoios sociais (IAS), de uma contribuição extraordinária de solidariedade (CES) nos montantes de 25% sobre o montante que exceda 12 vezes o valor do indexante dos apoios sociais (IAS), mas que não ultrapasse 18 vezes aquele valor e 50% sobre o montante que ultrapasse 18 vezes o IAS.

em termos de igualdade proporcional", violando assim este princípio na dimensão da igualdade na repartição dos encargos públicos, consagrado no artigo 13.º da Constituição.

Para aí chegar o TC ponderou que:

(i) estávamos perante um "acréscimo de nova redução, agora de 14,3% do rendimento anual, mais do que triplicando, em média, o valor das reduções iniciais", pelo que o juízo sobre a ultrapassagem do limite do "sacrifício adicional exigível" se revela agora "evidente";

(ii) não era imposta nenhuma das medidas em causa, ou equivalente, à generalidade dos outros cidadãos que auferiam rendimentos provenientes de outras fontes, independentemente dos seus montantes;

(iii) as razões de eficácia da medida adoptada na prossecução do objectivo da redução do défice público não tinham valia suficiente face à "acentuada" e "significativa" "diferença de tratamento", até porque poderia configurar-se o recurso a soluções alternativas para a diminuição do défice, quer pelo lado da despesa, quer pelo lado da receita;

(iv) e, apesar de reconhecer a "gravíssima situação económico-financeira" em que estamos e que o cumprimento das metas do défice público é importante para garantir a "manutenção do financiamento do Estado",

(v) considerou que "tais objectivos devem ser alcançados através de medidas de diminuição de despesa e/ou de aumento da receita que não se traduzam numa repartição de sacrifícios excessivamente diferenciada";

(vi) e que aquela situação e a necessidade de eficácia das medidas não podiam "dispensar o legislador da sujeição aos direitos fundamentais e aos princípios estruturantes do Estado de Direito";

(vii) assim como a Constituição possuía uma "específica autonomia normativa" para impedir "que os objetivos económicos ou financeiros prevaleçam, sem quaisquer limites, sobre parâmetros como o da igualdade, que a Constituição defende e deve fazer cumprir".

*

b) Lei do OE2013

b.1.) Suspensão do pagamento do subsídio de férias aos trabalhadores e pessoas do "sector público"

Apreciando a conformidade do art.º 29º da lei do OE2013, que previa a suspensão do pagamento do subsídio de férias, o TC, no Ac. nº 187/2013, começou por salientar que mudava o objecto de valoração em relação ao que estava em causa nos Ac. nº 396/2011 e nº 356/2012, embora as intervenções de redução do nível remuneratório devessem ser vistas como parte de um todo, aí se incluindo o projectado impacto de "aumento generalizado da carga fiscal" que os trabalhadores do sector público, aqui a par com os demais contribuintes, iriam sofrer.

Mas logo a seguir o Tribunal afirmou que não havia razões para mudar o critério de valoração e, por isso, a consideração diferenciada da posição daqueles que auferem rendimentos pagos por verbas públicas, "em contextos de emergência financeira", excluía o carácter arbitrário da medida adoptada, como se tinha ajuizado nos Acórdãos nº 396/2011 e nº 356/2012.

Porém, o Tribunal ponderou que:

(i) estávamos no terceiro exercício orçamental consecutivo que visava dar cumprimento ao programa de assistência financeira, pelo que o argumento da "eficácia imediata das medidas" (agora quanto ao subsídio em causa) já não tinha a mesma consistência valorativa que tinha justificado a diminuição dos níveis remuneratórios dos sujeitos que auferem por verbas públicas;

(ii) esse decurso do tempo implicava um "acréscimo de exigência ao legislador no sentido de encontrar alternativas que evitem que, com o prolongamento, o tratamento diferenciado se torne claramente excessivo para quem o suporta";

(iii) a medida de suspensão do pagamento do subsídio de férias era cumulada com as reduções salariais que já vinham desde 2011, a que acrescia um forte agravamento fiscal aplicável generalizadamente aos rendimentos do trabalho, pelo que tal medida não podia "encontrar justificação suficiente no princípio da vinculação ao interesse público";

(iv) esta conjugação de medidas de agravamento fiscal e de diminuição de salários penalizava uma certa categoria de pessoas e punha "em causa o modo de distribuição dos encargos públicos".

Com base nesta ponderação o TC concluiu que não havia motivo para alterar o juízo de inconstitucionalidade formulado no Ac. nº 356/2012, por violação do princípio da igualdade proporcional e da justa repartição dos encargos públicos, "assente na ideia de que a desigualdade justificada pela diferença de situações não está imune a um juízo de proporcionalidade e não pode revelar-se excessiva", quanto ao art.º 29º da lei do OE2013. Em consequência concluiu da mesma forma também quanto ao art.º 31º (na medida em que manda aplicar o disposto no artigo 29º aos contratos de docência e de investigação).

*

b.2) Suspensão parcial do pagamento do subsídio de férias de pensionistas e reformados

Com vista a analisar a constitucionalidade do art.º 77º da lei do OE2013 o TC começou por caracterizar o estatuto jusfundamental do direito à pensão, concluindo, com base na sua jurisprudência, que se tem "entendido que os requisitos exigidos para se adquirir o direito à pensão, bem como as regras de cálculo ou a quantia efetiva a receber, ainda que cobertos pelo princípio da proteção da confiança, poderão ceder, dentro de um limitado condicionalismo, perante o interesse público justificativo da revisibilidade das leis".

Em consequência, considerou que o reconhecimento do direito à pensão e a tutela específica de que ele goza não afastam "a possibilidade de redução do montante concreto da pensão", já que o que está "constitucionalmente garantido é o direito à pensão, não o direito a um certo montante", resultando esta da aplicação de critérios legalmente estabelecidos, mas com valor infraconstitucional. Finalmente rejeitou que o direito dos pensionistas tivesse uma "dimensão proprietária", susceptível de protecção no âmbito específico de tutela do artigo 62.º.

A partir daqui, em termos de tutela jurídico-constitucional, o TC equiparou o direito à pensão com o direito ao salário, considerando que a protecção conferida a um e outro "não é substancial ou qualitativamente diferente". Assim, situando-se aqueles direitos no mesmo plano, o Tribunal afirmou não haver razão para que, em relação a medidas passíveis de afectar, de forma inadmissível, qualquer desses direitos, o juízo de constitucionalidade não se baseasse em "idênticos parâmetros". Valeria pois para os pensionistas, com as necessárias adaptações, o que se tinha ponderado para os que recebem por verbas públicas, quanto ao "significado e impacto da redução de rendimentos determinada pela suspensão do subsídio de férias, conjugada com um significativo aumento da carga fiscal".

Nestas circunstâncias, o TC considerou ainda que:

(i) esta medida era cumulada com a CES, o que colocava os pensionistas com pensões de valor superior a € 1 350,00 em situação equiparada aos trabalhadores no activo, já que essa CES acabava por corresponder à redução salarial destes;
(ii) o direito à pensão é um direito já constituído (mediante "descontos" efectuados durante toda a carreira contributiva e quando o pensionista já não dispõe de mecanismos de autotutela e de adaptação da sua própria conduta às novas circunstâncias)
(iii) pelo que "os pensionistas serão titulares de uma posição jurídica especialmente tutelada, no que respeita, em particular, ao princípio da proteção da confiança";
(iv) sendo assim "legítima a confiança gerada na manutenção do exato montante da pensão, tal como fixado por ocasião da passagem à reforma".

Na ponderação de todos estes argumentos o TC concluiu que "face à excecionalidade do interesse público em causa e ao caráter transitório da medida" ela não constituía "uma ofensa desproporcionada à tutela da confiança", mas que havia boas razões para considerar que a situação de desigualdade perante os encargos públicos, que tinha justificado o juízo de inconstitucionalidade quanto à suspensão do pagamento do subsídio de férias às pessoas com remunerações ou pensões do setor público, era agora "mais evidente no que se refere aos pensionistas", pelo que era de formular quanto à norma do art.º 77º o julgamento de inconstitucionalidade que tinha sido formulado no que se refere à norma do artigo 29º, n.º 1".

*

4.3. Violação do princípio da proporcionalidade e da garantia do direito a uma sobrevivência minimamente condigna

a) Lei do OE2013

Apreciando a contribuição sobre os subsídios de doença e de desemprego, prevista no art.º 117º da lei do OE2013, 5% e 6% respectivamente, o TC considerou no Ac. nº 187/2013 que "a Constituição não assegurava o direito a um concreto montante de assistência material" em caso de desemprego, não se incluindo no âmbito de proteção do direito dos trabalhadores a "irredutibilidade dos montantes prestacionais à assistência material em situação de desemprego" e, "por maioria de razão, no âmbito do direito à assistência em situação de doença", pelo que concluiu que a contribuição em causa não violava os artigos 59.º, n.º 1, alíneas e) e f) e 63.º, n.º 3, da CRP, como era invocado pelos requerentes do pedido de fiscalização.

Porém, confrontando tal solução com o princípio da proporcionalidade, já considerou que dificilmente se poderia conceber a mesma como "adequada" pois não tinha "qualquer ponderação valorativa", atingindo assim beneficiários "cujas prestações estão já reduzidas a um montante que o próprio legislador, nos termos do regime legal aplicável, considerou corresponder a um mínimo de sobrevivência para aquelas específicas situações de risco social".

Por outro lado, afirmando embora ser possível a "reversibilidade dos direitos concretos e das expectativas subjetivamente alicerçadas", considerou que isso implicava "ressalvar" sempre, mesmo em "situação de emergência económica", "o núcleo essencial da existência mínima já efetivado pela legislação geral que regula o direito às prestações nas eventualidades de doença ou desemprego" pelo que, também por esta via, no juízo do TC, a medida em causa não era conforme ao "parâmetro constitucional da existência condigna".

5. A jurisprudência de outros Tribunais constitucionais

A austeridade subsequente à crise financeira e bancária de 2007/2008 não afectou apenas Portugal, como é sabido, tendo atingido também outros países europeus, nomeadamente integrantes da chamada "zona Euro".

Nalguns desses países, casos de Irlanda e Espanha, não são conhecidas decisões, dos respectivos Supremo Tribunal e Tribunal Constitucional, apreciando a constitucionalidade das medidas adoptadas e/ou aprovadas pelos governos e parlamentos desses países.

Da pesquisa efectuada às fontes jurídicas também não conseguimos obter nenhuma decisão dos tribunais gregos que se tenha pronunciado relativamente às medidas adoptadas/aprovadas pelo Governo e parlamento da Grécia. Apenas referências noticiosas dão conta de que o Tribunal de Contas grego teria declarado inconstitucionais[25] ou teria emitido um parecer negativo[26] sobre as medidas que o Governo anunciara: o "quinto corte consecutivo nas pensões de reforma" e "as supressões do 13º e 14º mês para algumas categorias de funcionários e de assalariados". Mais recentemente surgiu a notícia de que o Conselho de Estado grego teria considerado inconstitucionais a redução de salários de alguns grupos profissionais, constante de uma lei de programação 2013-2016, votada em Novembro

---

[25] Cfr. RTP Notícias, acessível em http://www.rtp.pt/noticias/index.php?article=600063&tm=7&layout=121&visual=49, notícia esta que, no entanto, não será rigorosa, pois não cabe nas competências do Tribunal de Contas grego a declaração de inconstitucionalidade da lei.
[26] O que se afigura mais rigoroso – cfr. Jornal de Negócios on-line acessível em http://www.jornaldenegocios.pt/economia/detalhe/reforma_das_pensotildees_na_greacutecia_eacute_inconstitucional_para_o_supremo_tribunal_de_contas.html

de 2012, mas, também segundo essa notícia, a decisão "só será anunciada publicamente dentro de semanas e a fundamentação ainda não é conhecida nem o impacto financeiro que terá"[27].

A primeira apreciação sobre medidas tomadas, no espaço europeu, na sequência da crise em causa, terá sido, segundo nos é dado saber, do Tribunal Constitucional da Lituânia, em 20.04.2010.

A decisão[28] foi no sentido de considerar que não eram inconstitucionais as reduções de vencimentos e pensões que estavam em causa. Essencialmente são invocados como fundamentos a existência de uma "situação económica e financeira excepcionalmente grave no Estado" e uma "cobrança da receita do Orçamento de Estado desordenada", com a consequência da incapacidade do Estado de cumprir as obrigações assumidas.

Ainda assim, nesta decisão, além de se considerar necessário serem observados os princípios da proporcionalidade, da protecção da confiança e da segurança jurídica, são apontados vários limites para aquelas reduções, nomeadamente:

(i) a redução de vencimentos e pensões deve ser temporária;
(ii) a redução de pensões deve ter em conta o tempo de contribuição, na vida activa, para os fundos do seguro social do Estado;
(iii) a redução da pensão não pode colocar em causa as condições de vida compatíveis com a dignidade humana;
(iv) o Estado deve assumir a obrigação de compensar os prejuízos das pessoas beneficiárias de pensões de velhice e invalidez afectadas, num prazo razoável e de forma justa, logo que ultrapassada a situação económica e financeira grave;
(v) o legislador deve, ao deliberar e aprovar o Orçamento do Estado para o próximo ano, reavaliar a situação económica e financeira do Estado e se a cobrança da receita do Orçamento do Estado ainda é desordenada e, em função disso, estabelecer o regime jurídico de eventual redução de remunerações e pensões;

---

[27] Cfr. http://www.publico.pt/economia/noticia/reducoes-salariais-consideradas-inconstitucionais-na-grecia-1620398
[28] Acessível em http://www.lrkt.lt/Documents1_e_2010.html

(vi) a redução das pensões deve ser coordenada em proporção com outras medidas (aplicação de benefícios fiscais, a preservação dos postos de trabalho e criação de novos existentes, a atração de investimentos para o emprego, etc.) de modo que não viole interesses vitalmente importantes da sociedade e proteja outros valores constitucionais;

(vii) a redução das pensões deve ser proporcional aos valores de impostos e redução da remuneração do trabalho;

(viii) a redução de remunerações deve ser coordenada com uma redução proporcional das pensões e outras prestações sociais, porquanto o valor das contribuições para o Fundo da Segurança Social também depende do montante da remuneração para o trabalho.

Logo de seguida foi a vez do Tribunal Constitucional da Roménia, através da Decisão nº 872 de 25.06.2010,[29] julgar inconstitucional a redução de 15% das pensões e considerar constitucionais as medidas de redução de:

(i) 25% dos gastos do governo com direitos salariais no sector público e outras entidades, a partir de um valor mínimo (600 RON[30]);

(ii) 15% dos gastos do governo com prestações sociais, nomeadamente subsídio de desemprego.

A argumentação essencial para assim concluir foi, quanto à redução salarial de 25%:

(i) a mesma "era necessária para a redução da despesa pública";

(ii) era justificada também por razões de "segurança nacional", a qual abrangeria não apenas a segurança militar mas também outras questões da vida do Estado, como o económico e o financeiro, que poderiam afectar a sua própria existência, face à magnitude e gravidade daquele fenómeno;

---

[29] Acessível em http://www.ccr.ro/files/products/D0872_101.pdf
[30] A Roménia é membro da União Europeia desde Janeiro de 2007, mas ainda não adoptou o Euro e, por isso, ainda utiliza a sua própria moeda, o leu romeno, designado pelo código RON.

(iii) era temporária, não discriminatória e proporcional, havendo um justo equilíbrio entre as exigências do interesse geral da comunidade e da protecção dos direitos fundamentais individuais;
(iv) era possível de aplicar mesmo sem declaração de estado de emergência, estado de sítio ou estado de necessidade.

Relativamente às reduções das prestações sociais o Tribunal considerou que os benefícios que foram retirados não estavam consagrados ao nível constitucional, pelo que o legislador era livre para decidir sobre a sua concessão ou não, em função das possibilidades orçamentárias do Estado e, nesta medida, a sua redução ou eliminação não era contrária às disposições constitucionais.

No que tange às reduções das pensões, o tribunal, além de invocar jurisprudência dos Tribunais Constitucionais da Hungria e da Letónia, concluiu pela sua inconstitucionalidade considerando, em resumo, que:

(i) a Constituição da Roménia prevê expressamente (art.º 47º/32) o direito à pensão como um direito fundamental;
(ii) assim o Estado tem a obrigação positiva de tomar todas as medidas necessárias para atingir o objectivo da reforma – compensar, durante a vida passiva do segurado, as contribuições deste para o orçamento da segurança social do Estado – e abster-se de qualquer conduta susceptível de limitar aquele direito social;
(iii) as dificuldades do orçamento da segurança social do Estado não podem afetar o direito à pensão em termos de diminuição, ainda que temporariamente, assim como o direito constitucional de pensão não pode ser afectado pela má gestão por parte do Estado do respectivo orçamento.

Já no ano de 2012 a Corte Constitucional italiana teve oportunidade de se debruçar sobre a constitucionalidade das medidas adoptadas pelo Decreto-Lei nº 78 de 31.05.2010 (Medidas urgentes para a estabilização financeira e de competitividade económica), convertido, com alterações, na Lei nº 122 de 30.07.2010.

A sentença então proferida[31] concluiu, além do mais[32], pela inconstitucionalidade da norma que previa a partir de 01.01.2011 e até 31.12.2013 uma redução de 5% dos rendimentos do trabalho dos funcionários das administrações públicas, incluindo do executivo, superiores a 90.000 € brutos por ano para a parcela superior a esse valor e até 150.000 € e uma redução de 10% para a parte superior a 150.000 €.

Para concluir por aquela inconstitucionalidade a Corte Constitucional começou por questionar se a disposição impugnada previa uma "mera redução de salários" ou se introduzia uma "carga tributária real". Acaba por concluir que, independentemente do *nomen iuris,* tal disposição tinha todos os elementos da carga tributária, nomeadamente foi imposta unilateralmente, incidia sobre os rendimentos anuais, os recursos assim disponibilizados eram integrados no Orçamento do Estado e visavam cobrir gastos públicos. Nessa medida considerou que estávamos perante um "imposto especial" (ainda que temporário) o qual, atingindo apenas os "funcionários públicos" e, dessa forma, impondo uma "restrição injustificada da base de contribuintes", violava o princípio da igualdade, na vertente tributária.

Assim, não obstante ponderar o "carácter excepcional da situação económica que o Estado enfrenta", a Corte não teve dúvidas em afirmar a inconstitucionalidade da norma, por ser dever do Estado garantir os princípios fundamentais de ordem constitucional e não se poderem permitir excepções ao princípio da igualdade.

Também o Conselho Consultivo francês, pela Decisão nº 2012-662 de 29.12.2012[33], decidiu declarar inconstitucionais várias normas do Orçamento do Estado para 2013, que procediam a agravamentos substanciais

---

[31] Decisão nº 223/2012 de 08.10.2012, acessível em http://www.cortecostituzionale.it/actionIndiciAnnuali.do

[32] O mais aqui deve entender-se a declaração de inconstitucionalidade da norma que previa uma redução de 15% para o ano de 2011, 25% em 2012 e 32% para o ano de 2013 do abono especial previsto no artigo 3º da Lei nº 27 de 1981, devido ao pessoal referido na presente lei ("pessoal do judiciário"). Dada a particularidade da norma e pelas razões já atrás aduzidas para situação similar no caso português, este segmento da sentença da Corte Constitucional italiana não será objecto de análise neste texto.

[33] Acessível em http://www.conseil-constitutionnel.fr/conseil-constitutionnel/francais/les--decisions/acces-par-date/decisions-depuis-1959/2012/2012-662-dc/decision-n-2012-662-dc--du-29-decembre-2012.135500.html

de impostos, nomeadamente o imposto sobre o rendimento das pessoas singulares (salários e vencimentos apenas, não abrangendo outros rendimentos, nomeadamente de capitais), agravado com uma contribuição extraordinária de 18% para os rendimentos de pessoas físicas superior a um milhão de euros a qual, somada à taxa do escalão máximo de rendimentos, daria lugar a uma tributação por uma taxa de imposto de 75%, por considerar que tal imposto era violador do princípio da igualdade.

Mais recentemente, pela Decisão 2013-685, de 29.12.2013[34], aquele órgão de fiscalização da constitucionalidade, no sistema francês, considerou conforme à Constituição uma norma do Orçamento do Estado para 2014, o art.º 15º, onde se prevê "um imposto extraordinário sobre altas remunerações atribuídas em 2013 e 2014". Mantendo o patamar de taxar, extraordinariamente, a parte das remunerações que excedam um milhão de euros, ocorre porém uma diferença fundamental entre esta norma do Orçamento do Estado francês para 2014 e as do orçamento anterior, declaradas inconstitucionais pela Decisão nº 2012-662. É que agora tal imposto, no montante de 50%, no que exceda a remuneração a partir de um milhão de euros, não incide sobre os contribuintes que recebem tal remuneração, mas antes sobre as entidades que a atribuem e pagam, pelo que, nesta conformação, aquele Conselho concluiu que a mesma não violava o princípio da igualdade.

A maior curiosidade neste momento, em termos de jurisprudência internacional, é tentar perceber qual vai ser a decisão do Tribunal de Justiça da União Europeia (TJUE), confrontado que está com as questões decorrentes das medidas orçamentais em causa[35], colocadas na sequência da utilização do reenvio prejudicial.

---

[34] Acessível em http://www.conseil-constitutionnel.fr/conseil-constitutionnel/francais/les--decisions/acces-par-date/decisions-depuis-1959/2013/2013-685-dc/decision-n-2013-685-dc--du-29-decembre-2013.139024.html
[35] Cfr. nota de rodapé nº 23 da conferência proferida pelo então vice-presidente do STJ e seu actual presidente, Conselheiro Henriques Gaspar, intitulada: "A lei e o juiz: a função da jurisprudência em tempos voláteis", proferida em 10.10.2012, no STJ, acessível em http://www.stj.pt/ficheiros/coloquios/coloquios_STJ/V_Coloquio/a_lei_e_o_juiz.pdf

O primeiro reenvio foi formulado pelo Tribunal de Trabalho do Porto suscitando dúvidas de conformidade do artigo 21º da Lei nº 64-B/2011, de 30 de Dezembro (Lei do OE2012) da qual decorre a redução de salários e vencimentos das pessoas que exercem funções no sector público, perante os artigos 20.°, 21.º, n.º 1, 28.º e 31.º n.º 1 da Carta dos Direitos Fundamentais da União Europeia.

O segundo reenvio é uma questão semelhante colocada pelo "Curtea de Apel de Constanta", pretendendo que o TJUE se pronuncie sobre se as disposições dos artigos 17º, nº 1, 20º e 21º nº 1 da Carta dos Direitos Fundamentais da União Europeia, «devem ser interpretados no sentido de que se opõem à diminuição de remunerações», considerando a concreta diminuição de 25% nos salários da função pública na Roménia.

É claro que o relatório "Safeguarding human rights in times of economic crisis", recentemente divulgado[36], não pode ser visto como um qualquer indício de uma futura jurisprudência internacional nesta matéria. Aliás o mesmo nem sequer reflecte a política oficial do Conselho da Europa e apenas responsabiliza os seus autores, como no próprio relatório se faz notar.

Mas é muito positivo que ao proceder à divulgação daquele relatório, em Dezembro de 2013, o Comissário para os Direitos Humanos do Conselho da Europa, Nils Muižnieks, tenha assertivamente considerado que "muitos governos na Europa que impõem medidas de austeridade têm esquecido as suas obrigações em termos de direitos humanos, especialmente os direitos sociais e económicos dos mais vulneráveis, a necessidade de garantir o acesso à justiça, bem como o direito à igualdade de tratamento. Infelizmente, os credores internacionais têm também negligenciado incorporar considerações de direitos humanos em muitos dos seus programas de assistência"[37]. Acrescentando mesmo que "quando a UE, como um actor

---

[36] Acessível em https://wcd.coe.int/com.instranet.InstraServlet?command=com.instranet.CmdBlobGet&InstranetImage=2407768&SecMode=1&DocId=2088892&Usage=2

[37] Tradução livre, da nossa autoria, encontrando-se as declarações originais, em inglês, acessíveis em http://www.coe.int/en/web/commissioner/-/austerity-measures-across-europe-have-undermined-human-rights?redirect=http%3A%2F%2Fwww.coe.int%2Fen%2Fweb%2Fcommissioner%2Fhome%3Bjsessionid%3DD057F666541794F97B50C1115C3DF257%3Fp_p_id%3D101_INSTANCE_8EfTacFqd2H9%26p_p_lifecycle%3D0%26p_p_state%3Dnormal%26p_p_mode%3Dview%26p_p_col_id%3Dcolumn-1%26p_p_col_count%3D5#8EfTacFqd2H9

central na crise, toma decisões sobre governação económica quanto aos Estados-Membros e, quando a Troika estabelece condições para pacotes de resgate e contratos de empréstimos, deve ser tido em melhor consideração o impacto sobre os direitos humanos".

6. Análise crítica da abordagem e argumentação do nosso TC quanto à apreciação da constitucionalidade de normas das leis dos Orçamentos do Estado

A abordagem do nosso TC quanto à apreciação da constitucionalidade das leis dos Orçamentos do Estado suscita-me as mais sérias reservas, não só em termos gerais, como também em termos específicos quanto a alguns argumentos que têm sido usados para justificar a constitucionalidade de algumas normas integradas naquelas leis que afectam os direitos dos cidadãos contribuintes.

É sobre aquelas reservas que irei discorrer de seguida e, a propósito daqueles argumentos, suscitar algumas reflexões sobre o sentido e a razão de ser da jurisprudência constitucional.

*

6.1. Redução de salários, vencimentos, pensões e suspensão, rectius, ablação de direitos

a) O argumento da "emergência" económico-financeira, da "transitoriedade" das medidas e da prevalência do "interesse público"

Não pretendendo ser superficial, longe disso, a impressão mais significativa que se retira do conjunto de acórdãos do TC atrás analisados é que o TC, em situações de crise económica e financeira, tende a salvaguardar até ao limite do (in)suportável as "razões de Estado", em detrimento dos direitos dos cidadãos contribuintes.

Ou, na expressão de Suzana Silva, a exercer um "controlo constitucional reduzido ou mitigado" (Silva, 2011; 61), como se a Constituição estivesse "suspensa" ou tivesse sido decretado o "estado de sítio" ou o "estado de emergência". Ou, ainda na apreciação crítica mais suave de Tiago Antunes, a demonstrar "alguma tolerância – para não dizer complacência – ... para com o argumento da crise económico-financeira" (Antunes, 2011: 1092)

Ora, como é patente, o "estado de sítio" e o "estado de emergência" não foram declarados para, com base em qualquer desses regimes excepcionais (cfr. art.º 19º da CRP), se poder suspender "o exercício dos direitos, liberdades e garantias". Aliás, os pressupostos para tais regimes de excepção poderem ser declarados, previstos no nº 2 do art.º 19º citado, não creio sequer que possam ser invocáveis a propósito da crise "económico-financeira" com base na qual as medidas em causa nas leis dos OE analisados foram tomadas. Com efeito, esta crise não se reconduz, conceptualmente, a qualquer "agressão ... por forças estrangeiras", ou a "calamidade pública", nem a "grave ameaça ou perturbação da ordem constitucional democrática"[38].

Por outro lado a nossa Constituição não prevê, assim como a generalidade das outras Constituições, um "estado de necessidade fiscal" (Silva, 2011:64) ou um "estado de excepção por razões económico-financeiras" (Hespanha, 2012: 34).

Já se tem advogado[39] que "vivemos numa sociedade de risco", a vários títulos, desde os riscos tecnológicos nomeadamente informáticos, aos biológicos e à contaminação daí advenientes e, "já agora", aos riscos deste "mundo cruzado de mercados financeiros e de poderosas forças especulativas". Em consonância alega-se que, por isso, deveríamos repensar aquelas «categorias "totais" de estado de sítio ou de emergência» e passar para uma "escala gradativa de suspensão de direitos, garantias e procedimentos em função das áreas de crise", a enquadrar no "estado de necessidade financeira".

---

[38] Embora possa vir dar lugar a ela pois a história demonstra que graves crises económicas são uma ameaça real aos regimes democráticos.
[39] Neste sentido Paulo Rangel, em artigo no Jornal Público de 16.04.2013, pág. 44, precisamente com o título "Constituição e estado de necessidade financeira", que citaremos de seguida.

Não deixa de ser verdade que a consagração constitucional deste "estado de necessidade económico-financeiro" permitiria "a adopção de medidas que sirvam de suporte a uma equilibrada repartição ... dos *commoda e incommoda* implicados na pertença de cada um à comunidade estadual" (Nabais, 2011; 33), o que teria a vantagem de poder aferir as medidas pela restrição de direitos que viesse a ter consagração constitucional.

Por esta razão, conceptualmente não me repugna tal consagração, embora me pareça que os outros riscos invocados, ao lado dos "riscos financeiros", são apenas para justificar a medida para estes, porquanto aqueles já eram susceptíveis de se integrar na "calamidade pública". Ora, quanto aos "riscos financeiros", mais importante do que constitucionalizar as suas consequências era serem tomadas medidas para os prevenir, com regulação, supervisão e fiscalização adequada do sistema bancário e financeiro, nacional e internacional, nomeadamente dos paraísos fiscais e off-shores. Porém, nesta área, que esteve na origem da crise económica e financeira mundial, pouco ou nada se vê ser feito[40].

Também não creio que seja uma forma de prevenir aqueles "riscos económico-financeiros" do Estado a introdução nas Constituições de uma "regra de ouro" de limitação do défice orçamental, e/ou da dívida pública, como vem sendo o discurso no âmbito da União Europeia e, pelos vistos, voltou a entrar no léxico nacional, agora pela via do recém anunciado "Guião para a Reforma do Estado"[41].

Creio antes, acompanhando Tiago Antunes, que "a introdução de uma cláusula-travão do défice e/ou da dívida pública no texto constitucional

---

[40] A narrativa do livro de Patrick Bonazza é bem elucidativa da forma como os banqueiros e os bancos têm ludibriado as "regras de Basileia" e como "a alta finança anglo-saxónica, que dá o tom a todo o planeta, [se] tornou(-se) uma verdadeira selva" (Bonazza, 2009: 42, 94).

[41] Acessível em http://www.portugal.gov.pt/pt/os-ministerios/vice-primeiro-ministro/documentos-oficiais/20131030-vpm-reforma-estado.aspx, onde se prevê que "os partidos políticos e os parceiros sociais, deveriam estar disponíveis, em 2014, para procurar alguns acordos que constituíssem sinais inequívocos e consistentes de que Portugal não apenas superou a emergência financeira, como está comprometido com o objectivo europeu de redução da despesa estrutural. Neste quadro, seria vantajoso para todos um entendimento em matérias como as seguintes: no plano da lei fundamental, a constitucionalização da "regra de ouro" da disciplina orçamental, após o fim do PAEF, em pertinente coerência com as regras europeias. Não tendo o Governo poder de iniciativa em matéria de revisão constitucional, apenas declara a sua convicção de que essa introdução da "regra de ouro" na lei fundamental beneficiaria o interesse nacional".

teria como efeito, [apenas acrescentamos nós], a elevação expressa da austeridade financeira à categoria de valor constitucional, tornando-se então patente a sua virtualidade como fundamento de restrições aos direitos fundamentais" (Antunes, 2011:1095).

Bom, mas não nos desviemos da perspectiva jurídica da questão que vínhamos assinalado e que é o facto de a "crise económico-financeira", que tem justificado a tomada das medidas em causa nas referidas leis do OE, não estar coberta por qualquer dos regimes de excepção com base nos quais e ao abrigo do art.º 19º da CRP se prevê a suspensão de direitos e, por outro lado, não estar previsto constitucionalmente o "estado de necessidade financeira do Estado" para as justificar.

Assim, não estando as medidas em causa nas referidas leis do OE cobertas por qualquer dos regimes de excepção com base nos quais e ao abrigo do art.º 19º da CRP se prevê a suspensão de direitos, tal suspensão ou restrição só poderia admitir-se "nos casos expressamente previstos na Constituição" (cfr. art.º 18º da CRP). Ou seja, mediante leis do OE que observem e não violem as regras e os princípios constitucionais do sistema fiscal e dos impostos.

Não é porém isso que ocorre quanto às reduções de vencimento, às "suspensões", rectius, ablação de subsídios de férias e de Natal aos trabalhadores e pessoas do "sector público", à suspensão (rectius, idem) dos subsídios de férias a pensionistas e reformados, bem como quanto à contribuição extraordinária de solidariedade (CES) e à contribuição sobre os subsídios de doença e de desemprego. Tudo medidas que são de qualificar como verdadeiros impostos, embora encapotados ou, na qualificação de António Hespanha, uma "expropriação sem indemnização ou confisco" (Hespanha, 2012: 43)

Creio pois que a "excepcionalidade" e a "premência" de acudir ao défice ou à gestão financeira dos recursos públicos, bem como o "carácter extraordinário e transitório" ou "conjuntural" das medidas em causa não podem ser considerados, como o foram nos arestos analisados, argumentos suficientes para justificar a redução e ablação dos direitos dos cidadãos contribuintes. Aqueles "critérios de ajuste financeiro" não só não podem "colocar entre parêntesis o direito" (Silva, 2011: 62), como o argumento da crise não pode degradar "a força normativa da Constituição ... colocando-a na total dependência da realidade de facto". É que se assim fosse, "o Direito Constitucional volver-se-ia em Direito da condicionalidade e não, como é, um Direito de garantia" (Antunes, 2011:1099).

Até porque, como já sublinhava o Cons. Vital Moreira[42], no voto de vencido no Ac. nº 11/93, "é sobretudo em períodos de dificuldades financeiras e de exigência de sacrifícios aos cidadãos que mais importante se torna respeitar escrupulosamente as regras constitucionais que regem a justiça fiscal, a distribuição da carga fiscal, a repartição das quotas de cada um na penalização a favor da colectividade. ... É nessas condições que mais preciso é não atentar contra a confiança dos cidadãos e não defraudar as suas expectativas".

A mesma ideia foi recentemente afirmada no voto de vencido da Cons. Maria de Fátima Mata-Mouros no Ac. nº 187/2013, quando refere que: "É nas situações de emergência ou crise financeira que mais importa tomar em consideração o bem comum tutelado constitucionalmente, de tal modo que a repartição dos sacrifícios seja feita sem afetação dos princípios da solidariedade, da igualdade e da proteção das famílias".

Por outro lado, a salvaguarda e prevalência do "interesse público" não podem justificar tudo e, concretamente, creio que não justificam as medidas em causa, da forma como foram adoptadas, sob a capa de um "imposto encapotado". Aquele "interesse público" justificará, seguramente, a contribuição e o esforço de todos os cidadãos e de todos os contribuintes, com capacidade contributiva, mas por uma via adequada e correcta[43].

---

[42] É por demais sabido que, pelo menos a partir de 2010, o eurodeputado Vital Moreira parece ter outra perspectiva, como dá conta nos seus posts no blogue causanossa – cfr. http://causa-nossa.blogspot.pt/#uds-search results.

[43] Nem sequer é necessária muita imaginação pois essa via já foi observada, pelo menos parcialmente, através da Lei 49/2011 de 07.09, que criou sobretaxas extraordinárias sobre os rendimentos sujeitos a IRS, com carácter universal, critério que não há razão nenhuma para ser colocado em causa pela "emergência político-económica", a incidir sobre quem tinha capacidade contributiva, deixando assim de lado quem auferia rendimentos não excedentes ao valor da retribuição mínima.

Mas o correcto é ir mais além e, na esteira do defendido por Suzana Silveira, "alargar a base subjectiva e objectiva da contribuição para o sacrifício", estendendo o regime da redução da remuneração "a todos os contratos públicos cuja fonte de financiamento seja o orçamento de estado ...[com] redução percentual da margem de lucro do co-contratante" (pense-se nas Parcerias Público Privadas) e aplicar o critério da universalidade igualmente, por exemplo, à

Estamos pois a assistir, como alerta António Hespanha, à cedência do direito «perante a inevitabilidade. O que equivaleria a aceitar que, nas determinações jurídicas – mesmo quando se trate do direito constitucional – estaria naturalmente incluída uma "reserva do possível"» (Hespanha, 2012: 28).

Analisando as "condicionantes da situação fáctica ou real" invocadas no Ac. nº 396/2011, já Ribeiro Mendes, anterior juiz do TC, tinha afirmado: "Temos claramente neste texto o afloramento do sistema da reserva do possível ou do estado de emergência económica, o recurso ao velho brocardo romano *saluspopuli suprema lex esto* que justificava os períodos de ditadura na velha Roma."[44]. Esse brocardo, que o Prof. Gomes Canotilho pensava que estava desactualizado[45], nos termos do qual a "salvação pública é a lei suprema", já tinha antes justificado que um simples governo de gestão tivesse comprometido Portugal num tratado internacional (o Memorando com a Troika), com base no qual vêm sendo adoptadas e justificadas as medidas adoptadas nas leis dos OE seguintes, que vimos analisando[46].

Porém, como António Hespanha faz notar, os "factos" e a sua "inevitabilidade" são apenas uma "leitura" e a sua invocação nesses termos um argumento "falacioso", sendo uma "proposição mal fundamentada do ponto de vista teórico" a "sujeição das normas constitucionais às circunstâncias

---

"criação de impostos acessórios em sede de IRC; revogação de benefícios fiscais... ou mesmo na modificação dos critérios de determinação da base tributável nos impostos sobre o património". (Silva, 2011: 75-78).

No que tange às reformas e pensões, creio que não haverá dificuldades em perceber que esta não é a via adequada para se lograr a sustentabilidade do sistema de segurança social, com medidas anuais desta natureza, e que isso deve ser feito através de uma reforma global do sistema, com uma nova fórmula de cálculo das reformas e pensões, menos generosa, mas sem aplicabilidade imediata e muito menos retroactiva, acautelando assim de forma mínima e adequada os princípios da confiança e da proporcionalidade.

[44] Conferência proferida no Colóquio "A crise e os seus efeitos previsíveis no Direito", levado a cabo no STJ em 23.11.2011, a qual se encontra acessível em http://www.stj.pt/ficheiros/coloquios/acriseefeitosdireito-drarmindoribeiromendes.pdf

[45] Cfr. entrevista ao Jornal Público de 03.02.2013, pág. 14

[46] No "Guião para a Reforma do Estado", acessível no link indicado na nota de rodapé nº 40, considera-se mesmo que "após a assinatura do Memorando de Entendimento com CE, BCE e FMI, o Estado Português viu severamente limitada não apenas a sua soberania orçamental e económica, mas o núcleo essencial da sua soberania política", o que é sintomático, pois trata-se de um documento oficial do actual Governo Português.

sociais e económicas". Até porque, isso "significa subordinar a constituição àquilo que certa concepção do mundo e da sociedade considera como possível/desejável. Ou seja, subordinar o direito à oportunidade" (Hespanha, 2012: 29, 37).

Em suma, parece que o TC vem sendo condicionado (o que terá sido evidente no Ac. nº 396/2011) pelo momento, ou melhor, pelos momentos, desde o político ao económico-financeiro (crise política que pode gerar ou não a sua decisão; emergência financeira eminente; não querer ficar "responsável" pela "bancarrota" do País[47]; agora a propósito da lei do OE2014 "evitar" um segundo resgate a Portugal e permitir acabar com "sucesso" o programa de ajustamento e o memorando de entendimento) e, por isso, só vem decidindo pela inconstitucionalidade das medidas em causa quando não há (ou já não há), condicionamento (caso dos acórdãos nº 303/90 e nº 141/2002, face às leis do OE1989 e OE1992/1993, respectivamente). Ou, então, quando está de tal maneira comprometido com a sua própria interpretação anterior que não tem margem para não a confirmar (caso do Ac. nº 187/2013, face à interpretação feita no Ac. nº 356/2012, embora neste último, mais uma vez por força daquele "condicionamento", a decisão de inconstitucionalidade teve um "efeito zero" para os contribuintes, aspecto que infra abordaremos em item específico).

Para ilustrar este "condicionamento" compare-se, por exemplo, quanto à aplicação do princípio da confiança, a diferença de análise entre o Ac. nº 303/90 (em que a simples não satisfação das "expectativas legitimas fundadas" foi considerada violação do princípio da confiança) e os Acórdãos nº 396/2011, nº 353/2012 e nº 187/2013, em que a redução de vencimentos e a ablação de subsídios foram consideradas perfeitamente dentro da "relativização das expectativas em torno da irredutibilidade das remunerações a pagar por verbas públicas", sendo aliás essa relativização mais "acentuada"

---

[47] A afirmação do Secretário de Estado do Orçamento, Luís Morais Sarmento, em entrevista, a 05.01.2013, no programa "Em nome da Lei", da Rádio Renascença (acessível em http://rr.sapo.pt/informacao_prog_detalhe.aspx?fid=79&did=91437), de que a primeira consequência da eventual declaração de inconstitucionalidade da lei do OE2013 seria o "incumprimento do programa a que estamos obrigados e cujo cumprimento tem garantido o nosso financiamento" só pode qualificar-se como uma tentativa de pressão sobre um órgão constitucional, por quem faz parte de outro órgão constitucional, inadmissível numa democracia e num Estado de direito democrático.

e "evidente" à medida que a situação de necessidade financeira se mantinha e não era resolvida por medidas estruturais e de fundo de saneamento das contas públicas.

Isto não obstante tais reduções, quando foram adoptadas pela primeira vez (lei do OE2011), virem completamente ao arrepio de um longo e sistemático passado de sucessivos aumentos dos vencimentos, aliás em consonância com a inflação e o aumento do custo de vida.

Além de não se ter atendido à legítima expectativa dos projectos de vida, pessoal e familiar, e dos encargos contraídos, contando com a estabilidade e continuidade da retribuição, não se ponderaram minimamente, ou pelo menos de forma adequada, as consequências advenientes para os cidadãos e famílias da defraudação daquela legítima expectativa. A menor das quais não foi, seguramente, o aumento de insolvência das pessoas singulares, que as estatísticas claramente demonstram. O Destaque Estatístico Trimestral de Janeiro de 2013 da Direcção Geral de Política da Justiça dá conta de "um aumento na comparação homóloga do terceiro trimestre de 2007 com o terceiro trimestre de 2012, do peso das pessoas singulares no total de processos (passando de 21,5% para 61,7%, ou seja, quase uma triplicação do peso). ... No terceiro trimestre de 2012 e face ao terceiro trimestre de 2011 registou-se um aumento de cerca de 6,0 pontos percentuais na proporção de pessoas singulares declaradas insolventes"[48].

Com as medidas aprovadas na lei do OE2014, correspondente ao quarto ano consecutivo de imposição de "cortes" por via orçamental, ainda mais restritivas do que nos anos anteriores, parece que alguns organismos independentes começam a ter a noção de que já não será apenas a defraudação das legítimas expectativas dos cidadãos e famílias que estará em causa.

Assim, o Conselho das Finanças Públicas no parecer 7/2013[49], analisando a proposta de lei do OE2014, alerta que "mesmo que completamente cumpridos os objetivos da POE/2014 o ajustamento (avaliado em termos estruturais ajustados) ficará a dever-se em partes praticamente iguais ao aumento de receitas e à redução de despesas, contrariamente ao objetivo

---

[48] Cfr. as estatísticas trimestrais sobre processos de falência, insolvência e recuperação de empresas (2007-2012), acessíveis em http://www.siej.dgpj.mj.pt/webeis/index.jsp?usernam e=Publico&pgmWindowName=pgmWindow_634976740028281250

[49] Acessível em http://www.cfp.pt/wp-content/uploads/2013/11/CFP-Rel-07-2013-PT.pdf

inicial que previa que estas contribuíssem com ⅔ do ajustamento. Simultaneamente, reforçando a perda de qualidade do ajustamento, observou-se o recurso frequente a cortes transversais de despesas, em detrimento da ênfase nos ganhos de eficiência, que deveriam limitar os efeitos recessivos das medidas". No mesmo parecer dá-se nota de que "aproximadamente ⅔ da poupança prevista com medidas do lado da despesa decorre de medidas no âmbito das despesas com pessoal e prestações sociais".

Este parecer não deixa dúvidas de que, afinal e mais uma vez, o OE2014 não fará o ajustamento devido do lado da redução das despesas, e mesmo o essencial dessa redução irá ser suportado com o esforço e sacrifício das pessoas, face à redução de despesas com pessoal e prestações sociais, pelo que não é de estranhar o reconhecimento dos efeitos recessivos dos "cortes transversais de despesas", de que se dá conta no citado parecer.

Por sua vez, o Conselho Económico e Social, no seu parecer[50] sobre a proposta de lei do OE2014, depois de tomar em consideração que, segundo os próprios dados do Ministério das Finanças, o impacto negativo das medidas do OE2014 sobre o rendimento disponível das famílias, relativamente a 2013, se estima em 1 210 milhões de euros, alerta que esse impacto poderá ter várias consequências, entre elas "poderá também registar-se uma maior dificuldade das famílias endividadas em suportar os custos desse endividamento com potenciais consequências negativas sobre o sistema financeiro".

Aliás, é o próprio Banco de Portugal, no Relatório de Estabilidade Financeira, divulgado em Novembro de 2013[51], a reconhecer que a "redução do rendimento disponível das famílias verificada desde 2011 estará a dificultar o efetivo cumprimento dos compromissos assumidos pelos agentes económicos nacionais". Parece assim que o próprio sistema bancário começa também a ter a noção das consequências e do impacto, em termos de crédito mal parado, destas sucessivas medidas orçamentais que vêm penalizando os rendimentos dos reformados e pessoas que trabalham no designado "sector público".

[50] Acessível em http://www.ces.pt/download/1543/Aprovado%20em%20Plenario_Parecer%20sobre%20o%20OE%202014.pdf
[51] Acessível em http://www.bportugal.pt/pt-PT/EstudosEconomicos/Publicacoes/Relatorio-EstabilidadeFinanceira/Paginas/RelatoriodeEstabilidadeFinanceira.aspx

*

b) O argumento da possibilidade de redução dos salários e vencimentos de quem recebe por "verbas públicas"

A argumentação do TC quanto à possibilidade de redução dos salários e vencimentos de quem recebe por "verbas públicas", porque isso ainda cabia na margem de livre conformação política do legislador para, de modo "eficaz", "certo" e "imediato" combater o défice do orçamento pelo lado da despesa, e porque não haveria consagração constitucional da irredutibilidade dos salários e vencimentos, afigura-se-me, com todo o respeito o dizemos, muito pouco convincente.

Por um lado, porque conceptualmente não é justificável que o Estado se prevaleça dos poderes conferidos pela veste em que intervém, do *jus imperii* enquanto Estado fiscal, para retirar benefícios da relação jurídica que tem de observar enquanto Estado empregador, eximindo-se assim ao cumprimento dos seus deveres de proceder ao pagamento dos salários e vencimentos daqueles que exercem funções públicas (lato sensu, como vimos)[52]. Ou seja, o Estado proíbe aos empregadores particulares, no âmbito das relações laborais no sector privado, a diminuição da retribuição, salvo excepções (que não podem ser aqui invocadas, desde logo por não serem aplicáveis, mas também por outra razão como infra melhor se explicitará) previstas na lei ou em contrato colectivo de trabalho (cfr. art.º 129º nº 1 al. d) do CT), assim como não pode diminuir a retribuição enquanto empregador no âmbito das relações jurídicas reguladas pelo Regime do Contrato de Trabalho em Funções Públicas (cfr. art.º 89º al. d)). Mas depois permite-se não cumprir, quanto aos "servidores públicos", estas regras básicas de empregador, escudando-se na veste de Estado fiscal. Ou, num outro prima, permite-se fazer aquilo que proíbe

---

[52] Critica similar é de fazer e é feita por António Carlos dos Santos à redução das pensões e à suspensão dos subsídios de férias e de Natal, pois estas prestações não estão "na plena disponibilidade do Estado, que não pode afectá-las a outros fins" do que aqueles que justificam a sua cobrança e não pode arvorar-se do jus imperii, que não tem neste domínio e, em simultâneo, incumprir as suas funções e deveres de "Estado-gestor" das quantias que constituem receita quer do sistema da segurança social quer da Caixa Geral de Aposentações (Santos, 2012,57-58).

aos particulares, invocar unilateralmente a impossibilidade de pagar e de cumprir, exonerar-se das suas obrigações em relação a alguns credores e escolher os outros credores a quem quer pagar, em total "arbitrariedade" (Hespanha, 2012: 32).

Por outro lado, quando se afirma que a redução remuneratória visa "combater o défice", então há que ser coerente e admitir que aquela medida tem um "efeito equivalente" à opção de não aumentar a receita (Santos, 2012:50). Nessas circunstâncias e, no fundo, como se disse no pedido de fiscalização suscitado pelo PR a propósito da suspensão do subsídio de férias na lei do OE2013, a "distinção é contabilística e formal" porquanto do "ponto de vista substantivo e jurídico-constitucional ... traduz-se num esforço contributivo acrescido que lhes é unilateralmente exigido para o financiamento do Estado e que envolve uma ablação do seu rendimento anual, pelo que consistirá num verdadeiro imposto".

Sejamos claros, os OE em causa constituem uma "fraude" às regras, desde logo constitucionais, que devem presidir à elaboração dum Orçamento de Estado, em que as receitas através dos impostos devem ser asseguradas com observância do princípio da igualdade tributária e não desta forma, enviezada ou encapotada, como "diminuição de despesa", sacrificando especialmente uma "classe" de cidadãos, os que recebem por "verbas públicas".

Acresce que o argumento de que o que a Constituição garante, no art.º 59º, é "o direito à retribuição" e não "o direito a uma concreta retribuição" e, ainda menos, "o direito à não diminuição da retribuição", o qual só teria consagração infra-constitucional, é uma interpretação muito redutora daquele direito fundamental.

Como bem observa Menezes Leitão, aquele preceito constitucional estabelece um "nexo de correspectividade entre a retribuição e o trabalho prestado", porquanto o "direito à retribuição do trabalho" não se pode bastar com "a simples existência formal" da retribuição, sendo esta atribuída em função da "quantidade, natureza e qualidade" do trabalho. Ora, esse nexo é "quebrado" (Leitão, 2012b:418) quando há uma redução de salário ou vencimento mas não há qualquer redução das obrigações do trabalhador (lato sensu, face ao leque das pessoas abrangidas), pois este mantém as mesmas obrigações funcionais (incluindo horário que, como é público e notório, até se pretende aumentar[53]).

O "corte de salários" nestes termos já foi comparado a "tristes exemplos históricos", como a "judenga" em Portugal, que apenas abrangia os judeus e ao "imposto de 20% sobre o património detido pelos judeus alemães" na Alemanha nazi (Leitão, 2012a: 98). Aliás, deve salientar-se que não descortinámos registo histórico para um "corte de salários" desta natureza, nem sequer no período do Estado Novo, sendo certo que neste tal solução era frontalmente rejeitada pela doutrina consagrada, que entendia que «quando a lei altera a categoria do lugar, entende-se que não pode fazê-lo de modo que corresponda menor vencimento à nova categoria, pois isso importaria para o funcionário uma degradação ou baixa de posto que só se concebe como grave sanção penal» (Caetano, 1980:759).

Importa ainda salientar que, ao possibilitar-se esta redução de salários e vencimentos de quem recebe por "verbas públicas", por não se vislumbrar nela nenhuma inconstitucionalidade, está a criar-se uma desigualdade manifesta para esta "classe" de cidadãos, porquanto os trabalhadores que exercem funções no "sector privado" mantiveram, nas mesmas circunstâncias, o direito à não redução dos salários (cfr. art.º 129º nº 1 al. d) do Código do Trabalho).

Claramente está em causa o princípio da igualdade, cuja violação não foi reconhecida pelo TC, de modo pouco convincente a meu ver, pois creio que não restam dúvidas que o legislador tratou nas leis do OE 2011, OE2013 e OE2013, de forma diferente, situações iguais (v.g. uma pessoa que no sector público auferia o mesmo rendimento que outra pessoa no sector privado, aquele viu reduzido o seu vencimento e este não) e até discriminou negativamente (v.g. pessoas que ganhavam no sector privado mais do que pessoas no público e que não viram afectados os seus rendimentos, ao contrário destas). Ora, como bem se refere no Ac do TC n.º 57/95[54] de

---

[53] Aliás este aumento de horário de trabalho corresponde a mais uma perda de 14% do salário, segundo as contas do Diário Económico de 21.11.2012, acessível em http://economico.sapo.pt/noticias/funcao-publica-arrisca-perder-mais-14-do-salario-se-horario-aumentar_156668.html

[54] Relator Cons. Alves Correia, acessível em http://www.tribunalconstitucional.pt/tc/acordaos/19950057.html

16.02, "o princípio da igualdade fiscal em sentido material ... impõe que a lei garanta que todos os cidadãos com igual *capacidade contributiva* estejam sujeitos à mesma carga tributária, contribuindo, assim, em igual medida, para as despesas ou encargos públicos".

Foi pena que o TC não tivesse tido a percepção de que, por esta via, o que se estava a fazer era executar uma opção política e ideológica de desvalorizar o valor do trabalho, agora dos que exercem funções no "sector público", para dessa forma abrir caminho à desvalorização seguinte, os que trabalham no "sector privado". Estamos, sem dúvida, a assistir àquilo que José Reis qualifica como "desvalorização interna", em que "a prioridade dos tempos que correm... ao contrário do que parece, não se centra no défice público – centra-se na redução radical dos custos salariais" (Reis, 2012:165).

Sob a capa da "inevitabilidade" e da "urgência", procurou justificar-se que "diminuir salários não é uma política"[55] mas, na realidade, como a prática o veio demonstrar[56] essa era a política[57]. Ou alguém pensará que quem contrata hoje no "sector privado" um professor (a titulo de exemplo), não tem em conta o vencimento (reduzido) que um professor equivalente ganha agora no "sector público"? Mesmo para contratos anteriores, sob os mais variados pretextos, desde a "competitividade", à "produtividade", à "necessidade", o que vem ocorrendo é um "ajuste" das condições remuneratórias, uma verdadeira inefectividade das normas legais em relação às práticas sociais, naquilo que já foi designado como o "direito do trabalho de excepção" (Ferreira, 2012:94-98).

Ora, se é inquestionável que o TC não tem que fazer o controlo das opções políticas e ideológicas do poder legislativo e executivo, não menos certo é que estas opções têm de respeitar o texto constitucional.

---

[55] Cfr. a citação da entrevista do então consultor do Governo, António Borges, ao Jornal de Negócios de 01.06.2012 (Hespanha, 2012: 30).
[56] As estatísticas do INE estão aí para o confirmar, com o índice de remunerações brutas do 1º trimestre de 2013 a indicar uma diminuição de -5,1% face a período homólogo de 2012 – cfr. http://www.ine.pt/xportal/xmain?xpid=INE&xpgid=ine_destaques&DESTAQUESdest_boui=151546373&DESTAQUESmodo=2
[57] Com o aplauso dos empregadores claro, sendo elucidativas as declarações do empresário Belmiro de Azevedo de que "sem mão-de-obra barata não há emprego para ninguém" – cfr. http://economico.sapo.pt/noticias/ja-nao-ha-salarios-sagrados_165310.html

Ainda neste item, refira-se que se o grande argumento de justificação das medidas em causa era a prevalência do interesse público e a premência da sustentabilidade económico-financeira do País, não podem deixar de se chamar à colação as pertinentes considerações tecidas em dois votos de vencido nos citados arestos.

O primeiro, do Cons. J. Cunha Barbosa, no Ac. n.º 396/2011 quando refere que "tal objectivo [o equilíbrio financeiro do Orçamento do Estado], de manifesto alcance nacional, não pode deixar de integrar interesse público geral a prosseguir por todos os que se encontrem nas mesmas condições remuneratórias previstas nas normas em causa, que já não e tão só pelos que transportem a 'mácula' de exercício de funções em regime específico de função pública, sob pena de discriminação negativa, no mínimo, injusta, já que por razões, como se deixou dito, meramente sócio-profissionais, e em contravenção do disposto no artigo 13.º n.º 2 da CRP (cfr., ainda, artigos 18.º, n.º 3 e 59.º, n.º 1, al. a) da CRP)".

O segundo da Cons. Maria de Fátima Mata-Mouros, no AC. 187/2013, ao colocar o acento tónico no seguinte aspecto: "a aprovação das normas em causa tem como objetivo a redução do défice orçamental do Estado. Na medida em que visam solucionar um problema do Estado, enquanto coletividade, o interesse público por elas prosseguido diz respeito à generalidade dos cidadãos e não, unicamente, aos trabalhadores do setor público e/ou pensionistas".

Finalmente é importante fazer notar que os considerandos subjacentes ao argumento de que, quem recebe por "verbas públicas", não está em posição de igualdade com os restantes cidadãos, são uma falácia.

Desde logo porque não é relevante, nomeadamente em face dos princípios da igualdade e da proporcionalidade, o vencimento médio de cada um dos sectores, público ou privado, sendo antes de aferi-los pela capacidade contributiva de cada contribuinte. Ou alguém tem dúvida que, por esta forma, pessoas que no sector público ganhavam, por exemplo € 2 000,00 mensais, foram penalizadas com redução de vencimentos em relação a outros no sector privado a ganharem cem vezes mais (basta pensar no futebol ou nos gestores e administradores), que não sofreram qualquer sacrifício da mesma natureza.

Depois porque o argumento da garantia da subsistência e estabilidade do vínculo laboral no sector público, que colocaria as pessoas que aí exercem funções em posição mais benéfica, não é verdadeiro nem relevante. Não é verdadeiro desde logo porque a medida também se aplicava a quem exerce funções no "sector público" em regime de contrato público de trabalho[58]. E não é relevante porque, configurando-se a medida como um verdadeiro imposto, como é, torna-se óbvio que só é pago por quem tem rendimentos, ou seja, quem está a trabalhar (seja no sector publico ou no privado) e não por quem deixou de ter rendimentos do trabalho (seja qual fora a causa e seja do sector público ou do privado).

Em suma, os argumentos atrás avançados são, em meu entender, suficientemente impressivos para se fundamentar, com base na violação do princípio da igualdade, a inconstitucionalidade da redução de vencimentos e salários.

*

c) O argumento da aprovação das medidas, por maioria democrática, no órgão legislativo legitimado pelo princípio democrático de representação popular

No Ac. nº 396/2011 é especialmente usado este argumento de que a opção político-económica contida nas medidas estava legitimada pelo voto popular, porquanto foram aprovadas democraticamente, por confortável maioria na AR. Aparentemente, subjacente ao argumento estará uma legitimidade inquestionável por parte do Governo e da AR para a adopção das medidas em causa ou, pelo menos, uma *capcio diminutio* por parte do TC para o seu controle e fiscalização, uma vez que aquela legitimidade seria o suficiente e necessário e, em contraponto, o TC não teria o mesmo tipo de legitimidade directa do voto popular.

---

[58] Aliás, sintomático de que afinal a tão apregoada "estabilidade" no "sector público" de pouco vale é o projecto legislativo que está a ser preparado no âmbito da propalada reforma do Estado que, a fazer fé no Jornal de Negócios de 29.05.2013, levará os funcionários considerados excedentários primeiro à mobilidade especial e depois ao despedimento, naquilo que provavelmente virá a ser o maior despedimento colectivo em Portugal.

Aliás é de fazer notar que aquela legitimidade ou esta *capcio diminutio* fazem frequentemente parte do discurso político, como forma de colocar em causa o TC para fiscalizar medidas desta natureza.

Assim, logo que o PR suscitou a fiscalização da constitucionalidade da lei do OE2013 o Secretário de Estado do Orçamento, Luís Morais Sarmento, deixava uma insinuação velada de "bancarrota" com o "aviso" de que uma declaração de inconstitucionalidade teria consequências a nível do "incumprimento do programa a que estamos obrigados e cujo cumprimento tem garantido o nosso financiamento"[59].

Mais recentemente, já depois do TC ter proferido o Ac. nº 187/2013, o Ministro-adjunto e do Desenvolvimento Regional, Poiares Maduro, veio acusar o TC de "limita(r) em excesso a liberdade de deliberação democrática em determinadas matérias"[60], que não especificou, mas da sua alusão às "circunstâncias como estas que enfrentamos hoje" é fácil perceber que estava a falar das medidas dos OE.

Mas o despudor da pressão sobre o TC chegou às instâncias internacionais, com o presidente da Comissão Europeia, Durão Barroso, numa conferência de imprensa em 06.11.2013, a admitir que se o TC considerar inconstitucionais as principais medidas do OE2014, "então isso poderá colocar em causa o regresso de Portugal aos mercados na data prevista"[61]. E, com a desfaçatez de quem não reconhece a separação de poderes do Estado, não se coibiu de sustentar, ainda, que a responsabilidade de dar estabilidade e previsão aos mercados internacionais "incumbe não só ao Governo, mas a todos os órgãos de soberania..."[62], procurando colocar dessa forma "pressão" no TC (enquanto órgão de soberania) para não colocar "obstáculos" às medidas previstas para o OE2014. Claro que logo a seguir procurou desfazer a única leitura possível das suas declarações, isto é, que não teria criticado nem feito pressão sobre o TC e apenas estava a antecipar

---

[59] Em declarações à Rádio Renascença – cfr. http://rr.sapo.pt/informacao_detalhe.aspx?fid=79&did=91437.

[60] Segundo a comunicação social deu conta – cfr. http://www.ionline.pt/artigos/portugal/poiares-maduro-diz-tc-limita-liberdade-deliberacao-democratica

[61] Segundo notícia acessível em http://www.ionline.pt/artigos/portugal/durao-barroso-avisa-chumbo-orcamento-no-tc-levara-mais-austeridade

[62] Cfr. notícia acessível em http://www.efe.com/efe/noticias/portugal/portugal/barroso-pede-que-todos-poderes-ajudem-portugal-ganhar-credibilidade/6/60016/2143806

cenários e a avaliar "as implicações de determinadas decisões"[63]. O curioso é que nunca o mesmo presidente da Comissão Europeia teve declarações de natureza similar sobre o Tribunal Constitucional alemão, por exemplo, a propósito de importantes decisões que este se preparava para tomar sobre a participação da Alemanha, por via da UE, nos sucessivos resgates à Grécia.

Este tipo de críticas, vindas de titulares de órgãos de soberania nacionais[64], ou de instâncias internacionais, que visam condicionar a acção do TC e deslegitimar a sua função, não podem deixar de merecer um firme repúdio e uma chamada de atenção para os exemplos históricos, que são sempre uma boa forma de não repetir os erros do passado. E, ressalvando as devidas distâncias, relembrar que o que o exemplo da Constituição de Weimar nos ensina é onde nos leva a inexistência de controlo juridico-constitucional e a recusa do controlo jurisdicional da actividade do Estado, sob o argumento da incapacidade da justiça para regular conflitos políticos centrais, ou seja, leva-nos a regimes totalitários, como o da Alemanha nazi (Häberle, 2001, 45).

Essa chamada de atenção deve salientar que, precisamente o povo alemão, soube retirar as lições desse passado histórico, como nos dá conta Otto Bachof ao referir que "entre as razões que levaram a Lei Fundamental a instituir um vasto controlo de toda a actividade estadual pelos tribunais constitucionais e pelos tribunais administrativos, a experiência da ditadura nacional-socialista não foi a menor. ... E entendeu-se que também a actividade legislativa a isso não devia constituir excepção – pois que também o legislador democrático não está livre do perigo de colocar as considerações jurídicas atrás dos objectivos políticos. Os deputados estão politicamente comprometidos – e na verdade devem está-lo. Mas por isso

---

[63] Cfr. notícia acessível em http://www.jornaldenegocios.pt/economia/detalhe/barroso_nunca_critiquei_o_constitucional_mas_e_preciso_avaliar_as_implicacoes_das_decisoes.html
[64] Note-se que não está em causa, a nosso ver, a possibilidade de o TC estar sujeito ao escrutínio e à análise crítica públicas, pela forma como exerce as suas funções, o que aliás é saudável e salutar numa democracia, com respeito, naturalmente, pelos limites da liberdade de expressão. O que está em causa e é inaceitável e inadmissível, num Estado de Direito democrático, com separação e interdependência de poderes, é que membros de um órgão de soberania, no caso o Governo, se permitam tecer os comentários e as considerações transcritas sobre as decisões (tomadas ou a tomar) por outro órgão de soberania, com o evidente (des)propósito de procurar condicionar as decisões dum Tribunal que, para o ser, deve exercer de forma independente as funções soberanas do Estado respeitantes à administração da justiça constitucional.

mesmo acham-se inclinados a desprezar as considerações jurídicas, se elas representam um obstáculo à prossecução dos seus objectivos" (Bachof, 1980: 6).

Assim, a colocar-se a questão naqueles termos, ou seja, a legitimidade do voto popular do Governo e da AR tudo "legitimaria", então é melhor o TC encerrar portas porque, não só não é normal um TC ter essa legitimidade, como nem sequer será aconselhável que a tenha. A legitimidade do voto popular e os direitos das maiorias daí resultantes, era um excelente campo de análise, mas o alcance deste texto não o permite desenvolver. Ainda assim importa desmistificar tal legitimidade, quanto às medidas em causa, porquanto nenhum dos partidos do Governo que apresentaram aqueles orçamentos e os deputados desses partidos que os aprovaram na AR tinham apresentado aos eleitores, nos seus programas eleitorais, as medidas em causa ou similares. Donde resulta que, substancialmente, tais medidas nem sequer estão legitimadas pelo voto popular, pois não foram sufragadas por este.

Como já atrás se disse este texto não está voltado para justificar doutrinalmente, com profundidade, a legitimidade democrática do TC.

Sempre se dirá, no entanto que, como bem lembrava o Cons. Vital Moreira, no citado voto de vencido no Ac. nº 11/93 do TC, a "fiscalização da constitucionalidade vale sobretudo contra as maiorias parlamentares (pois são elas que aprovam as leis) ... sendo aliás certo que a dimensão da maioria não tem qualquer relação directa com a medida do respeito da Constituição".

Também importa deixar nota de que, ao contrário do que por vezes é relatado, apontando o TC como uma "força de bloqueio" ou envolvendo-se em "activismos políticos"[65], afinal os números desmentem tais qualificativos. Com efeito, a fazer fé nas contas do Jornal de Negócios, desde 2011 o "Constitucional deixou passar 80% da austeridade" porquanto, tendo sido chamado a pronunciar-se sobre "medidas de austeridade, com impacto orçamental, avaliadas em 9,4 mil milhões de euros", os "juízes do

---

[65] Assim é qualificado num relatório do chefe da representação da Comissão em Portugal, segundo notícia divulgada pela RTP em 18.10.2013 – cfr. http://www.rtp.pt/noticias/index.php?article=688909&tm=6&layout=121&visual=49

Palácio Ratton viabilizaram 7,7 mil milhões de euros" e apenas "chumbaram" medidas avaliadas em "1,7 mil milhões, embora parte delas apenas parcialmente"[66].

Mas, mais do que relatórios ou análises jornalísticas, o importante é fazer notar que, como bem o demonstram António Araújo e Pedro Magalhães Coutinho, em estudo científico, "não há em Portugal um "problema contramaioritário" da justiça constitucional, como aquele que tem sido frequentemente discutido noutros sistemas políticos" (Araújo e Coutinho, 2000: 242).

Ronald Dworkin, citado por Miguel Nogueira de Brito, resolve a questão da legitimidade da jurisdição constitucional no sentido de que a decisão das questões valorativas respeitantes "à fixação de objectivos colectivos ... deve ser confiada ao legislador, isto é, ao processo político democrático. Pelo contrário, quando estão em causa princípios que estabelecem direitos, os juízes devem intervir" (Brito, 1998: 56).

Ora, as questionadas normas dos OE que têm sido objecto de fiscalização pelo TC, colocam em causa, de forma inquestionável, os direitos dos cidadãos e os princípios que os protegem, pelo que a legitimidade do TC – e dos juízes que o integram – para decidir, nos termos em que vem decidindo, não deve ser questionada por quem integra órgãos do poder político e legislativo, sob pena de assim se estar a colocar em causa o princípio do Estado de direito democrático. E ainda menos deve ser questionada por quem (ainda que seja português) integra organismos que são exteriores ao Estado português (mesmo que tal organismo seja um credor de Portugal por virtude de empréstimo concedido), sob pena de ingerência, inadmissível e inaceitável, na soberania de Portugal.

*

6.2. A retroactividade das leis fiscais

Admito que quando da apreciação da constitucionalidade da lei do OE1993, no AC nº 11/93, não houvesse fundamento expresso ou evidente, face à Constituição, nomeadamente considerando a redacção do seu então

---

[66] Cfr. Jornal de Negócios de 27.11.2013

art.º 106º, para defender a consagração constitucional de um princípio de irretroactividade da lei fiscal[67].

Porém, não posso deixar de exprimir a minha dificuldade em perceber, mesmo então, que o argumento subjacente à "necessidade" de criação do imposto e o seu carácter extraordinário e transitório, tudo tivessem superado.

Desde logo o facto de a excepcionalidade da retroactividade (pois a regra é a lei valer para o futuro), dever ter que ser bem fundada, nomeadamente com a invocação e demonstração da inexistência de medidas alternativas não retroactivas, o que não é sequer equacionado no aresto. Mas também a circunstância de, apesar de o imposto em causa se dirigir exclusivamente a rendimentos já auferidos – uma "retroactividade integral, de primeiro grau, a 100%", como a designou o Cons. Vital Moreira no seu voto de vencido, ou "retroactividade autêntica" como a doutrina a qualifica (Nabais, 2006: 147) – isso não ter impressionado o tribunal, considerando que nessas circunstâncias seria natural a boa-fé e a confiança dos cidadãos no Estado, enquanto pessoa de bem, no sentido de este não ir tributar rendimentos já gastos ou, pelo menos, com grande probabilidade de já estarem gastos.

Mas a minha dificuldade com a jurisprudência do TC, no que tange à retroactividade da lei fiscal, é acrescida depois da revisão constitucional de 1997 e da introdução no nº 3 do art.º 103º do segmento "que tenham natureza retroactiva"[68]. Na sequência do que a Lei Geral Tributária (LGT)[69] veio consagrar que as normas tributárias se aplicam "aos factos posteriores à sua entrada em vigor" e que no facto tributário de formação sucessiva "a lei nova só se aplica ao período decorrido a partir da sua entrada em vigor" (cfr. art.º 12º nºs 1 e 3 da LGT).

---

[67] Embora não deixe de ser sintomático, como nos dão conta António Araújo e Pedro Magalhães Coutinho, que no dia seguinte ao acórdão "a imprensa reagia com indignação e incredulidade" e "aos olhos da opinião pública – ... – o TC tinha-se afirmado, em vez de um órgão fiscalizador, um actor "maioritário" ao serviço do governo do bloco central" (Araújo e Coutinho, 2000:226-227)
[68] Cfr. nota de rodapé nº 20 supra.
[69] Aprovada pelo art.º 1º do DL 398/98 de 17.12

Apesar desta lei expressa – aparentemente -, a verdade é que o TC, socorrendo-se dos trabalhos parlamentares e da distinção doutrinária entre "retroactividade autêntica", "retroactividade inautêntica" e "retrospectividade", tem vindo a considerar que apenas a "retroactividade autêntica" é proibida pelo nº 3 do citado art.º 103º. Assim, ainda recentemente, pelo Ac. nº 399/2010 de 27.10[70], considerou conformes à Constituição a Lei nº 11/2010 de 15.06 (cria um escalão adicional de tributação, em sede de IRS, sujeitando os rendimentos anuais superiores a € 150 000 à taxa de imposto de 45%) e a Lei nº 12-A/2010 de 30.06 (altera as taxas gerais aplicáveis em sede de IRS) abrangendo, tanto num caso como no outro, todos os rendimentos do ano de 2010, apesar das suas datas de publicação, a meio do ano.

Nestas circunstâncias é difícil o TC fugir à crítica de "permissividade" em relação à retroactividade fiscal, em que os contribuintes "perderam toda a segurança jurídica em relação à lei fiscal, não tendo qualquer possibilidade de elaborar um orçamento anual que lhes permita prever os encargos fiscais a suportar durante um ano" (Leitão, 2012a:97).

Analisando a doutrina estabelecida pelo TC naquele Ac. nº 399/2010, Tiago Antunes, apesar de aderir à mesma, no sentido de que "o nosso ordenamento constitucional não impede que as leis fiscais se apliquem a situações em curso", ainda assim considera que o TC foi pouco rigoroso e "limitou-se a tomar como boas as razões invocadas pelo legislador, sem as questionar", não efectuando o controlo do "interesse público de grandeza superior" invocado, o que era necessário para acautelar os princípios da protecção da confiança e da proibição do arbítrio (Antunes, 2012:1078-1082).

*

6.3. A restrição dos efeitos da inconstitucionalidade

No Ac. nº 353/2012 o TC decidiu, em quatro parágrafos, invocando o art.º 282º nº 4 da CRP e "um interesse público de excepcional relevo", restringir os efeitos da declaração de inconstitucionalidade, "não os

---

[70] Acessível em http://www.tribunalconstitucional.pt/tc/acordaos/20100399.html (Relatora: Cons. Ana Guerra Martins, com cinco votos de vencido, ainda que só três destes abranjam as duas normas em apreciação).

aplicando à suspensão do pagamento dos subsídios de férias e de Natal, ou quaisquer prestações correspondentes aos 13.º e/ou 14.º meses, relativos ao ano de 2012". Em consequência desta restrição de efeitos, a declaração de inconstitucionalidade teve aquilo que estatisticamente se pode qualificar como um "efeito 100% para o Estado" pois não pagou aqueles subsídios, e "0% para os cidadãos", os quais, apesar da declaração de inconstitucionalidade da medida, não deixaram de sofrer o "confisco"[71] dos valores correspondentes àqueles subsídios.

O que esta decisão vem reforçar é precisamente a ideia, cada vez mais generalizada, de que o TC não vem funcionando como o tribunal dos cidadãos e antes sempre como uma cláusula de salvaguarda, ou tábua de salvação, das "razões de Estado", em detrimento dos direitos dos cidadãos.

Como refere a Cons. Catarina Sarmento e Castro, no seu voto de vencida no citado aresto, o TC usando o argumento do "excepcional interesse público", de modo ilógico, pois o tinha recusado para aceitar a validade constitucional da norma, acaba por, em relação aos subsídios, "branquear a sua ablação ou redução em todo o ano que ainda corre", ao modelar os efeitos da sua declaração de inconstitucionalidade.

Com efeito, de modo completamente inédito[72] ou de forma "inovadora" (Brito, 2012:111) e até contrária a anterior jurisprudência do TC, sem que o órgão legiferante ou mesmo o órgão proponente do OE, o Governo, tenham solicitado, à cautela, a restrição dos efeitos de uma eventual declaração de inconstitucionalidade[73], o TC decide, de modo oficioso, declarar a restrição dos efeitos daquela declaração de inconstitucionalidade. Isto

---

[71] Dificilmente se pode fugir a este qualificativo "confisco", nestas circunstâncias, em que através de norma reconhecidamente ilegal, por inconstitucional, o Estado se apropria do rendimento de alguns cidadãos. Também Menezes Leitão considera existir "confisco, dado que ocorre uma apropriação de bens dos privados pelo Estado sem o pagamento de qualquer indemnização" (Leitão, 2012b:416)

[72] Salvo qualquer lapso ou erro, na pesquisa efectuada, não detectamos um único caso em que o TC, de modo oficioso, tenha restringido os efeitos da declaração de inconstitucionalidade nos termos em que o fez no Ac. nº 352/2012.

[73] Eventualmente confiantes, na sequência do Ac. nº 396/2011, que não haveria controlo aos invocados limites do "interesse público". Aliás, provavelmente se explicará da mesma forma – a expectativa da inexistência de controlo – que o Governo tenha feito publicar no DR de 28.12.2012 a Portaria nº 426-C/2012, com vista à execução orçamental do OE2012, quando a lei do Orçamento ainda nem sequer tinha sido promulgada pelo PR.

apesar de só estarmos a meio do ano em termos de execução orçamental e haver mais do que tempo para a adopção de "medidas alternativas que produzissem efeitos ainda em 2012, de modo a poder alcançar-se a meta orçamental fixada".

Bastava que o TC tivesse feito um exercício de memória e nem era muito esforçado, para atentar que no ano anterior, bem mais tarde em termos de exercício fiscal, quando se tornou necessário "acudir" ao cumprimento do défice de 2011, foi aprovada uma sobretaxa extraordinária de 3,5% ao IRS (Lei 49/2011 de 07.09), incidindo sobre os rendimentos excedentes ao valor anual da retribuição mínima mensal garantida, auferidos pelos "sujeitos passivos residentes em território português" e ainda determinada a retenção[74] de "50 % da parte do valor devido do subsídio de Natal" ou equivalente dos rendimentos de trabalho dependente e de pensões[75].

Sintomático da perspectiva de actuação do TC é o facto de nos citados quatro parágrafos nunca se questionar se o "alcance mais restrito" dos efeitos da declaração de inconstitucionalidade, previstos nos nºs 1 e 2 do art.º 282º nº 4 da CRP, não deveriam ter-se confinado apenas aos efeitos já produzidos à data do acórdão, ou seja, apenas ao subsídio de férias ou equivalente.

Ora, afigura-se-me que o TC não deveria ter ignorado a doutrina avalizada nesta matéria que é clara, no sentido de que a «...restrição temporal dos efeitos da declaração tem necessariamente um limite absoluto - que é o da publicitação oficial da decisão – pois, se se compreende que sejam salvaguardados os efeitos produzidos enquanto não estava estabelecida publicamente a inconstitucionalidade (ou ilegalidade) da norma, é manifestamente incompatível com a própria ideia da declaração de inconstitucionalidade (ou da ilegalidade) que uma norma continue a produzir efeitos após a publicação oficial da decisão que a declare inconstitucional ou ilegal «com força obrigatória geral» (Canotilho, Moreira: 2007: 979, nota VIII).

---

[74] Esta medida de retenção é classificada por António Carlos dos Santos como "imposto extraordinário" (Santos, 2012: 55)
[75] Abrangendo pois todos os sujeitos passivos e não apenas os da classe do "sector público".

Também as regras de prudência impunham se tomassem em consideração todas as consequências duma decisão desta natureza. Não para ficar a coberto da crítica de que, "através da restrição de efeitos para o futuro, não só os juízes constitucionais se distanciam das consequências imediatas da sua decisão de inconstitucionalidade" como "não quis(eram) ponderar na própria decisão de inconstitucionalidade" "todos os custos associados à implementação de medidas alternativas suscetíveis de perseguir o interesse público" (Brito, 2012:121). Mas para tornar claro que aquela restrição de efeitos era apenas quanto à fiscalização abstracta.

Na verdade, como bem observa Miguel Nogueira de Brito, a decisão em causa "suscita, com toda a acuidade, a questão da existência de caso julgado material", parecendo este autor inclinar-se, com apoio em doutrina de Miguel Galvão Teles, que cita, no sentido de que "mesmo em matéria de restrição de efeitos" se "impõe a todos os tribunais, incluindo o Tribunal Constitucional, em processos de fiscalização concreta, o dever de acatarem o sentido da decisão deste último, no âmbito da fiscalização abstracta" (Brito, 2012:122-123).

Também Menezes Leitão percepcionou que aquela "limitação de efeitos vai levantar problemas sérios em sede de fiscalização concreta da constitucionalidade", considerando porém que a mesma vale apenas para aquela decisão, "sem o que teríamos uma verdadeira suspensão da Constituição" o que não teria sido "objectivo dos nossos constituintes" (Leitão, 2012b:420).

7. Justificação da (in)constitucionalidade das normas das leis dos OE, à luz do enfoque na "constituição fiscal"

Vou procurar neste item justificar uma apreciação ou abordagem diferente da constitucionalidade das leis do OE, ou seja, primariamente à luz do enfoque essencial na "constituição fiscal".

Como ressalta dos acórdãos atrás analisados, mormente os que se pronunciaram sobre a constitucionalidade das leis do OE2011, OE2012 e OE2013, o TC não tem centrado a apreciação da conformidade constitucional das leis do OE à luz dos princípios da chamada "constituição fiscal". Só lateralmente aborda essa problemática, na sequência de questões colocadas pelos requerentes dos pedidos de fiscalização preventiva ou sucessiva, mas mesmo nesses casos não vai ao âmago das diversas questões que podem ser problematizadas a seu propósito.

Quando o adequado seria a meu ver que, em primeira linha, assim procedesse, como aliás fez a Corte Constitucional italiana na decisão acima citada, uma vez que estamos a questionar a constitucionalidade de leis do orçamento. E, por outro lado, porque o TC não está limitado aos fundamentos invocados no pedido formulado nos casos de fiscalização preventiva e sucessiva. Só em segundo plano, como questão subsequente (não necessariamente menos importante ou menos decisiva) é que, apurada a conformidade com a "constituição fiscal", se afiguraria adequado equacionar-se a conformidade das normas das leis do OE à face de outros princípios constitucionais.

Na verdade, estando a ser sindicada a conformidade constitucional de um orçamento do Estado, não podemos deixar de ter em conta o que é este instrumento, até para aferir, quando da sua fiscalização, se o que consta do mesmo se reconduz àquilo que deve ser um orçamento ou se vai para além disso e, nesse caso, em que termos e quais as consequências.

O orçamento do Estado vem sendo definido, doutrinalmente, como "o documento onde se prevêem as receitas e despesas públicas autorizadas para o período financeiro", correspondendo ao chamado "exercício de gerência", ou seja, a previsão das receitas que o Estado irá cobrar e as despesas que irá pagar durante o período financeiro (Ribeiro, 1984: 44,47).

O art.º 105º da CRP diz-nos o que deve conter o orçamento do Estado. Além do mais, deve conter "a discriminação das receitas e despesas do Estado" (nº 1 al. a)), bem como "o orçamento da segurança social" e deve prever "as receitas necessárias para cobrir as despesas" (nº 4), a coberto do sistema fiscal que, entre outros fins, "visa a satisfação das necessidades financeiras do Estado" (cfr. art.º 103º nº 1 da CRP).

Quando falamos de "receitas" falamos necessariamente de "impostos", pois é destes que provêm a maior parte das receitas, os quais têm que ser "criados nos termos da Constituição", aí se incluindo, no que tange ao imposto sobre o rendimento pessoal, as suas características de "uno e progressivo", tomando em conta "as necessidades e os rendimentos do agregado familiar" e visando "a diminuição das desigualdades" (cfr. art. ºs 103º nº 3 e 104º nº 1, ambos da CRP).

Os princípios doutrinais nesta matéria estão sedimentados, afirmando--se o princípio da "igualdade tributária", com as inerentes consequências de todos os cidadãos, com "capacidade fiscal" (e daí a "isenção do mínimo de existência" para quem não tem mais do que o necessário para subsistir), estarem sujeitos ao pagamento de impostos sem "qualquer distinção de classe, de ordem ou de casta", com a característica de ser "progressivo", ou seja, com aumento da taxa de imposto à medida que aumenta a matéria colectável.

Assim vem-se definindo o "imposto" como uma "prestação pecuniária, coactiva e unilateral, sem o carácter de sanção, exigida pelo Estado com vista à realização de fins públicos" (Ribeiro, 1984: 211 e segs). Este mesmo autor, à pergunta "que significa pagar impostos?", é muito claro ao responder que "significa entregar ao Estado parcelas do rendimento de que se disfruta" (idem, pág. 227).

Também Casalta Nabais define o imposto como "uma prestação pecuniária, unilateral, definitiva e coactiva, exigida de detentores de capacidade contributiva, a favor de entidades que exerçam funções públicas, com vista à realização de fins públicos não sancionatórios" (Nabais, 1983: 389).

No que tange às contribuições para o regime geral da segurança social ou aos descontos para o regime de aposentação da Caixa Geral de Aposentações, classificando-os como "contribuições parafiscais" (Nabais e Silva, 2010: 97), como maioritariamente são classificadas, ou como verdadeiro "tributo"[76], creio que a doutrina é maioritária no sentido de que tais contribuições convocam, tal como os impostos, a ideia de "constituição fiscal", sendo "equiparadas aos impostos em sede do seu regime constitucional, seguramente ... quanto ao princípio da legalidade e quanto à capacidade contributiva dos seus contribuintes como critério material da sua medida" (Nabais e Silva, 2010: 97).

No sentido de que "todos os tributos (impostos, taxas, contribuições, tributos atípicos) estão sujeitos ao princípio da igualdade tributária sob a forma de princípio da capacidade contributiva ou de princípio de equivalência" se pronuncia também António Carlos dos Santos, o qual, referindo-se às reduções e suspensão dos subsídios dos pensionistas é taxativo: "Não sendo impostos no sentido clássico do termo, são figuras híbridas e atípicas que, a meu ver, integram um novo tipo de parafiscalidade, a operar pela via da despesa" (Santos, 2012: 49 e 51)

Analisando as diversas normas, atrás citadas, das leis dos OE de 2011 a 2013, que prevêem a redução/ablação de vencimentos e salários, não pode deixar de se concluir que estamos perante verdadeiros impostos, com todas as características destes, ou seja, uma prestação pecuniária, estabelecida

---

[76] Neste sentido cfr. o voto de vencido da Cons. Catarina Sarmento e Casto, no Ac. nº 187/2013 do TC, que conclui que a CES viola os "princípios basilares como o da universalidade do imposto, da igualdade perante os encargos públicos, da capacidade contributiva, e da proibição do excesso", o que "assume particular evidência no caso das pensões pagas por pessoas colectivas de direito privado ou cooperativo, como as instituições de crédito, através dos fundos de pensões, das companhias de seguros e entidades gestoras de fundos de pensões, ou de pessoas coletivas de direito público como a Caixa de Previdência da Ordem dos Advogados ou dos Solicitadores, já que estas, em si mesmas, em nada oneram o orçamento da Segurança Social".

de forma unilateral, com carácter definitivo e de forma coactiva, sendo exigida a detentores (apenas alguns é certo) de capacidade contributiva e estabelecida a favor do Estado, com vista à realização de fins públicos não sancionatórios.

Ora este verdadeiro imposto, não foi criado de acordo com as regras constitucionais do sistema fiscal, violando assim o princípio da legalidade, bem como o princípio da igualdade tributária, pois não é universal e não tem como critério material da sua medida a capacidade contributiva dos contribuintes (apenas é exigido a alguns).

Nestes termos não pode deixar de se concluir que as reduções de vencimento e a suspensão (rectius, ablação) do pagamento dos 13º e 14º meses determinadas nas leis do Orçamento do Estado, supra analisadas, são violadoras daqueles princípios constitucionais.

Estas considerações são aplicáveis, *mutatis mutandis*, quanto às pensões, cuja legalidade e medida deve ser também aferida à luz dos princípios da "constituição fiscal".

8. Breve tópico sobre o modelo de recrutamento de juízes do TC e a fiscalização da constitucionalidade

A análise efectuada neste texto a decisões do TC acerca da fiscalização de leis do OE, levanta preocupações sobre o modo como este Tribunal tem vindo a exercer as suas funções, isto considerando a perspectiva com que normalmente estas se encaram por parte dos tribunais constitucionais, de efectivo controlo do poder político legislativo no respeito pela Constituição e de defesa dos direitos fundamentais dos cidadãos, especialmente nestes períodos de graves dificuldades financeiras e económicas, em que a tendência, por parte de quem exerce aquele poder, vai sempre no sentido de afectar os direitos individuais dos cidadãos contribuintes.

Os ensinamentos de Hans Kelsen alertando que "é tão difícil quanto desejável afastar toda e qualquer influência política da jurisprudência da jurisdição constitucional" (Kelsen, 2001: 20), continuam plenamente válidos.

Não é por isso de estranhar que se ouçam vozes[77] acusando o TC de "legitimação política de actos legislativos suspeitos de inconstitucionalidade e uma função de controlo das decisões dos outros Tribunais[78] que

---

[77] Que não são apenas de hoje pois já em 1980 se fazia notar que "a fiscalização preventiva corre o risco de se transformar em meio, não de evitar a existência de diplomas inconstitucionais, mas de legitimar politicamente diplomas de duvidosa constitucionalidade" (Canotilho e Moreira, 1980:499)

[78] A decisão sumária nº 209/12 e o Ac. nº 203/2013 do TC, atrás citados no texto, são elucidativos de que o TC não perderá muito tempo nessa função de controlo das decisões dos outros Tribunais, remetendo-se à reafirmação do seu juízo de inconstitucionalidade e sem equacionar a questão de saber se os pressupostos ou fundamentos em que baseou, quando

pretendam exercer a fiscalização difusa da constitucionalidade", imputando este resultado ao "processo de designação dos juízes do Tribunal Constitucional, que assenta numa designação partidária" (Leitão, 2012:99).

Aliás, para sermos justos, há que reconhecer que o método de designação dos juízes (dez juízes designados pela AR e três cooptados por aqueles, com seis "obrigatoriamente escolhidos de entre juízes dos restantes tribunais e os demais de entre juristas" – cfr. art.º 222º da CRP), foi logo questionado[79] no momento em que foi adoptado, na revisão constitucional de 1982, porquanto o órgão principal de fiscalização da constitucionalidade das leis emergia do órgão fiscalizado.

Mas pior do que isso foi aquilo que a prática veio evidenciar, ou seja, a possibilidade de se fazer uma leitura de conotação dos juízes constitucionais com forças partidárias. Primeiro uma conotação multipartidária, identificando-se os juízes com as quatro principais forças políticas, PSD, PS, PCP e CDS, passando a partir de 2003 a fazer-se uma conotação

---

da fiscalização sucessiva abstracta e concentrada, continuam válidos agora quando da análise do recurso da fiscalização concreta e incidental (por exemplo o argumento esgrimido no Ac. nº 396/2011 de que era "evidente" e um dado "adquirido" que a medida era "idónea" para fazer face ao défice orçamental e à crise financeira não creio que seja susceptível de ser invocado em 2013, pois nesta altura era um dado adquirido e por demais evidente que nem aquele défice foi atingido nem esta crise se podia afirmar ter sido debelada com a adopção das medidas em causa).

[79] Como nos dá conta Ana Catarina Santos, transcrevendo o debate na AR, reproduzido no Diário da Assembleia da República, de 27 de Julho de 1982, o então deputado da ASDI, Jorge Miranda, na sua intervenção no Plenário da AR afirmou: "A composição do TC deveria ser vista, apenas, na perspectiva da consolidação do Estado de direito e do princípio da subordinação dos actos do poder às regras constitucionais", para logo de seguida questionar: "Como admitir que um Tribunal Constitucional de base parlamentar venha a ser o órgão específico — ainda que não o órgão único — de fiscalização da constitucionalidade? Como admitir, na perspectiva europeia ocidental de Estado de direito, que um Tribunal nestas condições possa exercer cabal e institucionalizadamente, duradouramente, a função de garantia da constitucionalidade? Não é por acaso, Sr. Presidente e Srs. Deputados, que uma solução como esta não se encontra na generalidade dos países ocidentais em que há tribunal constitucional. Uma solução deste género só se encontra naqueles países que são fiéis ao modelo jacobino de fiscalização política da constitucionalidade, ou naqueles países que não são Estados de direito e atribuem à Assembleia, ou a um órgão seu delegado a fiscalização, tal como sucede nos países com constituições marxistas-leninistas" (Santos, 2011:76-77).

bipartidária, PS e PSD[80], embora na última eleição o CDS já tenha "indicado" um juiz.

Aliás, nesta última eleição de juízes para o TC, em Julho de 2012, ultrapassaram-se todos os limites da falta de ética, de sentido de responsabilidade e de Estado para com o órgão constitucional TC. Desde logo com os sucessivos atrasos para essa eleição, o que obrigou a presidente da AR a apelar aos partidos políticos para chegarem a um "entendimento"[81] e, depois, com estes a "arvorarem" em público os "seus juízes", como a imprensa prodigamente relatou[82], incluindo a "desistência" de dois dos "candidatos".

Com o atrás exposto não se pretende afirmar que os juízes eleitos nestas circunstâncias não pautem o exercício da sua função pelo estrito cumprimento dos deveres do juiz, nomeadamente com independência e imparcialidade. Porém, a imagem pública do órgão constitucional, o TC, fica profundamente afectada e descredibilizada[83], facto que é inaceitável numa democracia que se quer de qualidade, pois os cidadãos precisam de ter confiança nas decisões do TC, já que este é, por excelência, o tribunal que lhe pode reconhecer e garantir os seus direitos fundamentais.

Embora haja estudos que apontem no sentido de que há uma forte ligação do sentido de voto dos juízes perante um pedido de fiscalização apresentado ao TC pelo partido com o qual têm "proximidade" (Santos, 2011:145), a análise supra efectuada aos acórdãos incidentes sobre fiscalização das leis do OE não creio que nos permita retirar essa ilação. Basta olhar para o último desses arestos, o Ac. nº 187/2013, para facilmente se concluir que vários dos Juízes Conselheiros que são apontados como tendo

---

[80] Cfr. os sucessivos quadros de composição do TC em Santos, 2011, pág. 157 e segs.
[81] Cfr. noticia em http://www.dn.pt/politica/interior.aspx?content_id=2413539
[82] O Prof. Jorge Miranda qualificou de "horroroso" e um "precedente gravíssimo" este processo de nomeação – cfr. http://udireito.com/constitucionalista-jorge-miranda-horrorizado-com--nomeacoes-tc/. Já o Prof. Freitas do Amaral considerou-se "chocado" com as "peripécias" ocorridas – cfr. http://www.radiooccidente.pt/noticia.asp?idEdicao=157&id=28188&idSeccao=1464&Action=noticia#.UZ6W16LyJkQ
[83] Em entrevista ao Jornal Sol o então presidente do TC, Prof. Rui Moura Ramos, insurgia-se contra "o que aconteceu" porque isso "fragiliza o TC" – cfr. http://sol.sapo.ao/inicio/Sociedade/Interior.aspx?content_id=47934

sido "indicados"[84] por partidos que suportam o Governo, caso dos Conselheiros João Cura Mariano, Fátima Mata-Mouros e Maria José Rangel de Mesquita, votaram no sentido da inconstitucionalidade, embora apenas parcialmente no que tange a esta última.

Ainda em termos de análise dos arestos atrás indicados, o que é possível afirmar, com segurança, é que pelo menos a ideia, mais ou menos enraizada, de que os juízes de carreira "tendem a adoptar atitudes mais «conservadoras» ou de *judicial self-restraint*", por não se conseguirem libertar "do velho modelo de «juiz funcionário»", o que "os incapacitaria psicologicamente para o exercício da *judicial review of legislation*" (Araújo, 1997:53), não encontra acolhimento nesta questão da (in)constitucionalidade das leis do OE. Aliás em consonância com sensibilidade também verificada nos tribunais de 1ª instância, comuns e administrativo, como se extrai das citadas decisões do TTLisboa e do TAFPorto.

Sem que com isto queira afirmar-se que a posição expressa pelos juízes de carreira, que votaram no sentido da inconstitucionalidade das normas em causa é a mais defensável, creio que ao votarem, significativamente, no sentido daquela inconstitucionalidade souberam não renegar a função do "juiz constitucional da democracia", que "não pode fazer da defesa dos direitos do cidadão outra coisa que não a primeira das suas missões" (Zoller, 1998: 7). Ou, adaptando as expressões que Tiago Antunes usa para o próprio Tribunal (*watchdog* ou *gate-keeper*), souberam "actuar como um guardião da Constituição e não como um porteiro para quaisquer retrocessos constitucionais aprovados à laia da crise", certificando-se "que a austeridade não é usada como "pé-de-cabra" para alcançar resultados constitucionalmente indesejáveis ou mesmo proibidos" (Antunes, 2012:1092).

Com efeito, olhando para os três últimos acórdãos analisados, constata-se que no que tange ao Ac. nº 396/2011, apenas houve três votos de vencido, no sentido da inconstitucionalidade das normas em causa e todos de juízes de carreira (Cons. Pamplona de Oliveira, Cons. Cunha Barbosa e Cons.

---

[84] António de Araújo defende que a apresentação de um candidato a juiz do TC por um grupo parlamentar de um partido político é o "método mais seguro e objectivo de determinação das inclinações políticas dos juízes constitucionais" (Araújo, 1997:98)

Cura Mariano). Já no que tange ao Ac. n.º 353/2012, dos cinco juízes de carreira então em funções (o quadro do TC estava incompleto, por falta de um juiz, dada a jubilação do Cons. Borges Soeiro que ainda não tinha sido substituído), quatro (Cons. Cura Mariano, Cons. Carlos Cadilha, Cons. Carlos Pamplona de Oliveira e Cons. Cunha Barbosa) votaram no sentido da inconstitucionalidade das normas que vieram a ser declaradas inconstitucionais. Por sua vez, no Ac. n.º 187/2013, quatro dos seis juízes de carreira (Cons. Carlos Cadilha, Cons. Cura Mariano, Cons. Fernando Vaz Ventura e Cons. Fátima Mata-Mouros) votaram no sentido da inconstitucionalidade das normas que vieram a ser declaradas inconstitucionais e um (Cons. José da Cunha Barbosa) votou a inconstitucionalidade do art. 117.º do OE2013.

Mas, acima de tudo, o que apraz verificar é que nenhum dos juízes de carreira que integraram o TC veio, após cessar as suas funções, subscrever pareceres apresentados pelo Governo para defender a constitucionalidade duma lei do orçamento[85], ou tecer considerações sobre o modo como os juízes daquele tribunal "têm de ver as consequências das decisões"[86], como se não vissem ou, mais grave ainda, que se espera "que o tribunal seja sensível" à argumentação que o Governo deve usar, quando as medidas da lei do OE2014 forem impugnadas, "de que estamos numa situação limite, em que uma declaração de inconstitucionalidade extensa que valha no limite milhares de milhões de euros, pode provocar uma reacção nos mercados de regresso de desconfiança, uma percepção de disfuncionalidade ou de difícil governabilidade do país"[87].

Aquela atitude dos juízes de carreira, de se manterem vinculados aos deveres de independência, isenção e imparcialidade, mesmo após a cessação do exercício de funções de juízes do TC, só abona na forma como contribuem para a credibilização e prestígio daquele órgão de soberania.

---

[85] A fazer fé no Jornal de Negócios de 29.03.2103 – cfr. http://www.jornaldenegocios.pt/economia/detalhe/ex_presidente_do_constitucional_preparou_parecer_para_o_governo.html – notícia que não foi desmentida, que saibamos, o Governo terá usado um parecer do ex-presidente do TC, Prof. Cardoso da Costa, para defender a constitucionalidade das questionadas normas do OE2013 –.
[86] Declarações do ex-presidente do TC, Prof. Cardoso da Costa, no Jornal Sol de 01.11.2013
[87] Declarações do ex-conselheiro do TC e agora deputado, Prof. Mota Pinto, no Diário Económico de 28.10.2013.

9. Em jeito de síntese conclusiva

Aqui chegados impõe-se, naturalmente, que se procurem extrair as principais conclusões do que supra se procurou expor e analisar.

Assim, pode considerar-se como certo que o modelo de fiscalização da constitucionalidade das leis no ordenamento jurídico português é um modelo "misto", com controlo político mas também jurisdicional, com fiscalização da constitucionalidade difusa, abstracta e incidental mas também fiscalização concentrada, concreta e directa.

O Tribunal Constitucional é o principal órgão de fiscalização da constitucionalidade e decide em última instância as questões de constitucionalidade, embora não detenha o monopólio dessa fiscalização, pois qualquer outro tribunal pode julgar questões de constitucionalidade nos casos submetidos ao seu julgamento.

O conjunto de decisões analisadas do TC permite concluir que o modelo de fiscalização da constitucionalidade das leis tem funcionado também quanto à fiscalização das leis do orçamento de Estado, pois não só temos decisões na sequência de fiscalização preventiva como sucessiva, assim como em casos de controlo concentrado abstracto e em situações de fiscalização concreta difusa.

Os acórdãos do TC sobre a fiscalização de leis do OE, atrás analisados, transmitem uma ideia geral de que este Tribunal tem exercido um "controlo constitucional reduzido ou mitigado", uma jurisprudência "tolerante" ou "complacente", como se a Constituição estivesse "suspensa" ou tivesse sido decretado o "estado de sítio" ou o "estado de emergência".

A "excepcionalidade" e a "premência" de acudir ao défice ou à gestão financeira dos recursos públicos, bem como o "carácter extraordinário e transitório" ou "conjuntural" das medidas em causa não podem ser considerados argumentos suficientes para justificar a redução e ablação dos direitos dos cidadãos contribuintes, como o foram nos arestos analisados.

A redução/ablação de vencimentos, salários e pensões deve ser aferida à luz dos princípios da "constituição fiscal" e, nessa medida, estamos perante verdadeiros impostos, com todas as características destes, ou contribuições parafiscais, quanto às pensões, violadores dos princípios da legalidade e da igualdade tributária.

Em última análise há argumentos suficientemente impressivos para fundamentar a inconstitucionalidade da redução de vencimentos, salários e pensões, com base na violação do princípio da igualdade.

As decisões dos Tribunais Constitucionais ou órgãos similares que noutros países europeus têm apreciado a constitucionalidade de medidas similares não permite concluir por uma corrente jurisprudencial estabelecida, pois oscilam entre a aceitação da constitucionalidade, embora estabelecendo limites àquelas medidas, e a declaração de inconstitucionalidade das mesmas.

Cabe aos Tribunais Constitucionais contribuir com as suas decisões para a credibilização e legitimação do órgão e, também nesta matéria da fiscalização de leis do OE, os juízes constitucionais não podem deixar de acreditar "que a sua missão é mais ampla e mais digna que a de prestar homenagem passiva a tudo aquilo que se fornece como sendo direito" e que lhes "cabe não perder a intenção de diuturnamente actuar a promessa encerrada na constituição" (Soares, 2008: 162,164).

10. Análise de algumas medidas previstas na lei do OE 2014 e perspectiva(s) sobre a sua (in)constitucionalidade

Neste item, que foi elaborado em momento temporal posterior aos itens antecedentes (ainda que estes tenham sido actualizados nalgumas referências) e que se pode considerar uma continuação do texto inicial, irei procurar proceder a uma análise de algumas normas da lei do OE2014[88] (v. anexo) que reincidem em medidas de duvidosa constitucionalidade ou que introduzem medidas novas, mas também muito discutíveis pela mesma razão.

O objectivo é procurar aferir da conformidade daquelas medidas face ao texto fundamental e à jurisprudência que o TC vem traçando nos acórdãos que se pronunciaram sobre as leis do orçamento do Estado dos anos de 2011, 2012 e 2013, sendo seguro que, a breve trecho, o TC irá ter que formular um novo veredicto nesta matéria, isto considerando a fiscalização sucessiva, abstracta, já suscitada acerca da versão original da lei do OE2014 por parte de dois grupos de deputados[89] e pelo Provedor de Justiça[90].

---

[88] Lei nº 83-C/2013 de 31.12., que aprova o Orçamento de Estado para 2014.

[89] Um constituído por deputados do PS requerendo a apreciação da constitucionalidade dos art.ºs 33º, 75º, 115º e 117º da lei do OE2014 (requerimento ao TC acessível em http://www.ps.pt/images/imprensa/comunicados_ps/20140109_requerimento.PDF) e o outro constituído por deputados do PCP, BE e PEV (requerimento entregue no TC em 17.01.2014, questionando as mesmas normas do pedido formulado pelo grupo de deputados do PS, segundo noticia no Jornal i, pág. 4, de 18.01.2014, não se mostrando acessível, publicamente, aquele requerimento, segundo a pesquisa realizada).

[90] As normas questionadas pelo Provedor de Justiça são a al. r) do nº 9 do art.º 33º e os nºs 1, 5 e 6 do art.º 117º da lei do OE2014, numa iniciativa classificada pelo próprio como assumindo

a) A redução de vencimentos (art.º 33º)

No art.º 33º prevê-se uma redução remuneratória em relação àquele leque de pessoas, atrás já definido como integrando o denominado "sector público" – enumerado no nº 9 do preceito -, mas em moldes diferentes do que ocorreu nas leis do OE 2011, OE2012 e OE2013.

A diferença situa-se, desde logo, quanto ao montante mínimo da remuneração a partir do qual se prevê operar a redução, mas também no que tange às taxas de redução estabelecidas.

Desapareceu, entretanto, a questão mais grave, em termos jurídicos, que tal medida podia gerar, a da duração dos efeitos da redução remuneratória, a qual foi suscitada na sequência da forma como se encontrava redigido o corpo daquele art.º 33º, na Proposta de Lei nº 178/XII[91], ao prever que "A partir de 1 de Janeiro de 2014 são reduzidas as remunerações ...". Com tal redacção parecia pretender dar-se acolhimento à ideia de que a redução de vencimentos seria definitiva[92]. Por outro lado, a circunstância de se prever no nº 16 do art.º 33º (entretanto eliminado), na versão da Proposta de Lei nº 178/XII, que "durante o ano de 2014 é revista a tabela remuneratória única, por portaria do Primeiro-Ministro e do membro do Governo responsável pela área das finanças", era também indutora dessa ideia de um ajuste definitivo da redução remuneratória.

Compreender-se-ia mal, face a todos os antecedentes nesta matéria e à duvidosa redacção da proposta de Lei nº 178/XII, suscitada no debate

---

"especificidade própria, restringindo-se à argumentação passível de contributo válido e diferente para a valoração que incumbirá ao Tribunal Constitucional fazer" – cfr. requerimento acessível em http://www.provedor-jus.pt/site/public/archive/doc/06_02_2014Texto22_.pdf.

[91] Acessível em http://www.parlamento.pt/ActividadeParlamentar/Paginas/DetalheIniciativa.aspx?BID=37987

[92] Aliás, não deixa de ser sintomático que a Presidente do Conselho de Finanças Públicas, a economista Teodora Cardoso, tenha vindo dizer, quando ouvida na Comissão de Orçamento e Finanças da AR, a propósito da proposta de lei do OE2014, que os cortes salariais realizados na função pública são considerados como permanentes por aquele Conselho, porque essa "é uma definição da Comissão Europeia" – cfr. http://www.publico.pt/economia/noticia/comissao-europeia-classifica-cortes-salariais-como-permanentes-avisa-teodora-cardoso-1612102

político e parlamentar, que o legislador não deixasse claro, no texto da lei, o caracter transitório da redução a prever no art.º 33º.

Com efeito, considerando que o TC fez sistematicamente apelo, nos Acórdãos nº 396/2011, nº 353/2012 e nº 187/2013, no que tange às reduções de remuneração, ao carácter de "excepcionalidade" da conjuntura, ao carácter "temporário" e de "emergência" da medida e ao seu fim subjacente, a "salvaguarda do interesse público", para sustentar aí a não violação dos princípios da confiança e da proporcionalidade, falhando tais fundamentos, nomeadamente o carácter temporário da medida, seria inevitável, afigura-se-nos, que o TC declararia o art.º 33º, naqueles termos, ou seja, interpretado como uma redução definitiva, inconstitucional por violação daqueles princípios constitucionais. E mesmo até por violação do princípio da igualdade, pois o "sacrifício adicional" exigido às pessoas do "sector público" já consubstanciaria assim "um tratamento injustificadamente desigual".

Consciente disso, tudo o indicia, o legislador parlamentar substituiu a expressão "A partir de 1 de janeiro de 2014", por "Durante o ano de 2014", e eliminou o referido nº 16, na sequência das Propostas nºs 473C-1 e 473C-2[93], apresentadas e votadas favoravelmente pelos Grupos Parlamentares do PSD e CDS-PP.

Desta forma, considerando que a redução remuneratória prevista no art.º 33º não pode deixar de se entender, em face do texto legal, que tem apenas um período de vigência anual, para 2014, está afastado o maior risco da sua inconstitucionalidade.

Afigura-se-me, ainda assim, considerando o limite mínimo a partir da qual opera a redução e as suas consequências, face às novas taxas previstas, que tal norma se pode considerar inconstitucional, como a seguir se procurará justificar.

Na verdade, importa considerar que, ao contrário do que ocorreu nas três últimas leis do orçamento, em que a redução remuneratória só se estabeleceu para remunerações "de valor superior a € 1 500,00" e com a taxa a variar entre 3,5% e 10%[94], na lei do OE2014 tal redução afecta as

---

[93] Acessíveis em http://www.parlamento.pt/OrcamentoEstado/Paginas/PesquisaPropostasAlteracao178_XII_3.aspx
[94] Concretamente:
a) 3,5 % sobre o valor total das remunerações superiores a € 1500 e inferiores a € 2000;

remunerações "de valor superior a € 675,00" e a taxa varia "entre 2,5% e os 12%"[95]. Ou seja, não só se aumenta, significativamente, o leque de pessoas abrangidas pela medida de redução remuneratória, como se agravou também o quantum dessa redução.

Com efeito, baixar a fasquia dos € 1 500,00 para os € 675,00 é socialmente da maior relevância porquanto, dado o nível salarial médio do designado "sector público"[96], vai ser atingida uma faixa elevada de pessoas que anteriormente não tinham sido afectadas por esta redução.

Ainda assim creio que, juridicamente, não se encontra aí o maior obstáculo da medida. Na verdade, os argumentos que no passado viabilizaram a medida em causa a partir das remunerações superiores a € 1 500,00 não deixarão de ser invocáveis perante este novo valor, sendo certo que o valor agora estabelecido, € 675,00, está ainda acima do salário mínimo nacional e, por isso, não será de estranhar que seja esgrimido o argumento de que não será afectado o mínimo da dignidade humana.

Creio que o maior obstáculo jurídico à redução remuneratória aqui prevista, e que não pode deixar de ser seriamente ponderado, é a consequência das novas taxas de redução, pois estas dão lugar a um efectivo agravamento de perda remuneratória por parte das pessoas atingidas.

Claro que pode também argumentar-se que o estabelecimento das novas taxas e o aumento daí resultante visa apenas compensar o facto de se ter deixado de prever a suspensão do pagamento dos subsídios de férias e de Natal, ou prestações equivalentes, como ocorria na lei do OE2012

---

b) 3,5 % sobre o valor de € 2000 acrescido de 16 % sobre o valor da remuneração total que exceda os € 2000, perfazendo uma taxa global que varia entre 3,5 % e 10 %, no caso das remunerações iguais ou superiores a € 2000 até € 4165;
c) 10 % sobre o valor total das remunerações superiores a € 4165.
[95] Concretamente:
a) Para valores de remunerações superiores a € 675 e inferiores a € 2 000, aplica-se uma taxa progressiva que varia entre os 2,5% e os 12%, sobre o valor total da remuneração;
b) 12 % sobre o valor total das remunerações superiores a € 2 000.
[96] A remuneração base média mensal dos trabalhadores por conta de outrem da Administração Pública, Defesa e Segurança Social Obrigatória estava quantificada em € 880,30, em 2011, segundo os dados constantes da base de dados Portada- cfr. http://www.pordata.pt/Portugal/Remuneracao+base+media+mensal+dos+trabalhadores+por+conta+de+outr em+da+Administracao+Publica++Defesa+e+Seguranca+Social+Obrigatoria+total+e+por +nivel+de+qualificacao-451

(art.º 21º) e a suspensão do pagamento do subsídio de férias ou prestações equivalentes na lei do OE2013 (art.º 29º).

Mas esse argumento é falacioso pois foi precisamente em face das consequências resultantes de tais preceitos que os mesmos foram considerados inconstitucionais nos Acórdãos do TC nº 353/2012 e nº 187/2013, nomeadamente por violação do princípio da igualdade.

Por outro lado importa ponderar que, embora não existindo previsão de que os subsídios de férias e de Natal são "suspensos", como ocorria nas leis do OE2012 e OE2013, a verdade é que por força do aumento significativo da taxa – que incide também sobre aqueles subsídios, pois são consideradas "mensalidades autónomas", nos termos do art.º 33º nº 4 al. d) da lei do OE2014 – o efeito, em termos de redução da remuneração global anual, será o mesmo ou, nalguns casos[97], ainda mais gravoso, principalmente se fizermos a comparação com os efeitos práticos da inconstitucionalidade da medida de "suspensão" do pagamento do subsídio de férias ou prestações equivalentes, prevista na lei do OE2013.

Percebe-se assim que é dessa forma – aumento da taxa de redução – que o Governo e a maioria que na AR aprovou o orçamento pretendem "ludibriar" (o termo é forte, mas não é possível encontrar um mais suave) as anteriores declarações de inconstitucionalidade nesta matéria[98]. Sabendo bem que a norma em causa tem precisamente a mesma consequência (ou nalguns casos ainda mais graves) das anteriormente declaradas inconstitucionais, ou seja, "ultrapassa os limites da proibição do excesso em termos de igualdade proporcional", violando assim este princípio na dimensão

---

[97] Para os titulares de remunerações de valor mensal superior a € 2 000,00 isso é evidente, considerando a comparação das taxas aplicáveis, 10% em 2013 e 12% em 2014.
[98] Sintomático deste propósito são as declarações do Primeiro-Ministro, no sentido de que "os funcionários públicos, pensionistas e reformados não vão sofrer em 2014 uma redução de rendimentos maior do que em 2012", precisamente o ano em que na lei do OE foram "suspensos" os pagamentos dos subsídios de férias e de Natal ou prestações equivalentes – cfr. http://sol.sapo.pt/inicio/Politica/Interior.aspx?content_id=88216. Percebe-se que o argumentário do Primeiro-Ministro é construído "olvidando" que tais medidas foram declaradas inconstitucionais e dando como "bom" que o efeito prático daquela inconstitucionalidade foi nulo para os cidadãos contribuintes, dada a restrição dos efeitos da inconstitucionalidade, declarada oficiosamente pelo TC.

da igualdade na repartição dos encargos públicos, consagrado no art.º 13º da CRP.

Nesta medida, os argumentos que levaram o TC a declarar inconstitucionais aquelas normas (supra descritos em 4.2. a) e 4.2. b)) são aqui inteiramente aplicáveis.

Agora reforçados por duas ordens de razões.

A primeira razão prende-se com o facto de que estamos, não já no terceiro, mas no quarto exercício orçamental consecutivo que visa dar cumprimento ao PAEF e o legislador teve todo este tempo para encontrar alternativas de receitas – ou de "não despesas" – de forma a evitar que sejam sempre os mesmos e apenas alguns a serem penalizados nos seus rendimentos do trabalho e a suportarem os custos do "interesse público", do qual todos são beneficiários.

A segunda razão baseia-se no facto de as pessoas afectadas por esta redução, as que exercem funções no denominado "sector público", também já estarem a ser afectadas, significativamente, por mais duas reduções dos seus vencimentos.

Uma dessas reduções ocorreu por força do aumento de 10% para 11%, a partir de 01.01.2011, dos descontos para a Caixa Geral de Aposentações dos trabalhadores da Administração Pública abrangidos pelo regime de protecção social convergente, na sequência do estatuído no art.º 7º do DL 137/2010 de 28.12. Este diploma aprovou um conjunto de medidas adicionais de redução de despesa com vista à consolidação orçamental prevista no Programa de Estabilidade e Crescimento (PEC) para 2010-2013, o que levaria a pensar, legitimamente, que tal aumento de quotização teria este horizonte temporal. Mas, na verdade, não só tal aumento de desconto se mantém para 2014 como tudo aponta no sentido de que está assumido, pelo poder político-legislativo, que este é um aumento definitivo, com a consequente redução, definitiva, do vencimento.

Note-se, por outro lado, que essa mesma taxa de desconto de 11% é aplicável aos trabalhadores que exercem funções públicas enquadrados no regime geral de segurança social (RGSS), em face do Código dos Regimes Contributivos do Sistema Previdencial de Segurança Social, designado por Código Contributivo (CC), aprovado pela Lei nº 110/2009, de 16.09, com as alterações introduzidas pela Lei nº 119/2009, de 30.12 e Lei nº 55-A/2010, de 31.12 (OE 2011), código aquele que foi regulamentado pelo Decreto Regulamentar nº 1-A/2011, de 03.01 e que entrou em vigor em 01.01.2011.

A segunda dessas reduções, esta logo assumida como definitiva e que tem vindo a revelar-se cada vez mais significativa, é a que tem resultado do sistemático aumento que vem ocorrendo desde 2007 na taxa de desconto no vencimento dos funcionários do Estado, para efeitos da sua comparticipação no financiamento da Direcção Geral de Protecção Social aos Funcionários e Agentes da Administração Pública (ADSE).

Com efeito essa taxa foi aumentada de 1% para 1,5% em 01.01.2007, por força da Lei nº 53-D/2006 de 29.12 e novamente aumentada, em 31.07.2013 de 1,5% para 2.25%, e em 01.01.2014 para 2,5%, estas últimas taxas fixadas na sequência do estatuído nos art.ºs 2º e 5º nº 1 do DL 105/2013 de 30.07. Não pode deixar de perspectivar-se, ainda, que está em marcha uma nova alteração legislativa em que se prevê um novo aumento desta taxa, agora de 2,5% para 3,5%[99], já a partir de Fevereiro ou Março de 2014[100]. Ou seja, em menos de um ano, esta taxa a incidir sobre a remuneração base dos trabalhadores do Estado, sofrerá um aumento de cerca de 135%.

Nem se invoque que este desconto para a ADSE é facultativo, pela possibilidade de perda da qualidade de beneficiário da ADSE, através de renúncia, nos termos dos art.ºs 18º nº 1 al. d) e 12.º nº 3, ambos do DL 118/83 de 25.02. É que tal renúncia só se tornou possível a partir de 29.04.2010, data em que entrou em vigor a alteração ao citado art.º 12.º nº 3, na sequência da redacção que lhe foi introduzida pelo art.º 17º da Lei nº 3-B/2010 de 28.04 e, nessa altura, em função da sua idade, haveria seguramente um elevado número de beneficiários que, mesmo que quisesse, já não conseguiria subscrever um seguro de saúde. Como acontecerá agora com os que, confrontados com esta subida anormal da taxa de desconto, queiram subscrever um seguro de saúde, como alternativa à ADSE. Acresce que, depois de estar a descontar vários anos para a ADSE e de ter criado relações de confiança com médicos e estabelecimentos de saúde, em função do atendimento que o satisfaz, não é exigível agora que, de um momento

[99] Medida aprovada no Conselho de Ministros de 09.01.2014 – cfr. http://www.portugal.gov.pt/pt/os-ministerios/ministerio-das-financas/mantenha-se-atualizado/20140109-mef-ces--pensoes.aspx
[100] A fazer fé no Diário Económico de 20.01.2014, pág. 10.

para o outro, o beneficiário tenha que renunciar a essa condição para não ser insuportavelmente onerado com descontos para a ADSE.

Creio assim, na sequência do exposto, que o TC, no seguimento da jurisprudência estabelecida nos Acórdãos nº 356/2012 e nº 187/2013, a propósito da suspensão total ou parcial do pagamento dos subsídios de férias e de Natal ou prestações equivalentes (OE2012) e suspensão total ou parcial do pagamento do subsídio de férias ou prestações equivalentes (OE2013), terá fundamento para considerar esta norma inconstitucional, por violação do princípio da igualdade.

Infelizmente, não creio que o TC vá decidir nesse sentido.

Com mais ou menos justificação, as "razões de Estado" tenderão, mais uma vez, a serem sobrevalorizadas em detrimento dos legítimos direitos dos cidadãos contribuintes e o TC acabará por deixar passar incólume, novamente, esta medida de redução dos vencimentos e salários daqueles que exercem funções no "sector público", medida essa que, tal como foi configurada, até visa "ludibriar" a jurisprudência anterior do próprio TC.

Quando o que seria expectável é que o TC questionasse, no seguimento da sua própria jurisprudência, a justificação da aprovação da medida de redução remuneratória para além do PAEF, que terminará em meados de 2014.

O que é que será necessário para que o TC ganhe a percepção[101] de que a redução remuneratória não é encarada, seriamente, pelo Governo[102], como temporária? Que isso fique "subentendido" na lei, como parece que

---

[101] Faça-se justiça admitindo que tal percepção parece ganhar alguma forma mas, considerando que é apenas por parte de um Conselheiro do TC, não há dúvida que essa forma é diminuta. Na verdade, como bem salientou o Cons. Fernando Ventura, no seu voto de vencido ao Ac. nº 187/2013, «... o relatório do Orçamento de Estado de 2013, não sinaliza qualquer programação de reversão do corte salarial, concretizadora da sua temporalidade (assim também aconteceu com o documento de estratégia orçamental 2012-2016, apresentado em Abril de 2012). Na verdade, e em formulação que se aproxima da estipulação unilateral de cláusula *cum potuerit*, condiciona a duração da medida (entenda-se, a sua reiteração em sucessivos orçamentos) à "verificação de um equilíbrio efetivo das contas públicas", ao mesmo tempo que remete a sua abordagem para o domínio da "política de rendimentos" e de "racionalização dos custos com pessoal". Ou seja, remete para o plano duradouro, como patamar remuneratório, perspetiva que não se altera com a possibilidade, até pelo efeito da erosão monetária, de se virem no futuro a atingir os níveis salariais nominais anteriores à ablação operada em 2011 e mantida no orçamento de 2012.».

se pretendia com a redacção inicial do art.º 33º na Proposta de Lei nº 187/XII? Ou que o TC venha a ser confrontado com essa opção "expressa" na lei, na sequência de uma revisão da tabela remuneratória única, que se prevê que o Governo venha a avaliar durante o ano de 2014 (cfr. nº 5 do art.º 34º da lei do OE2014)?

Até quando o TC vai permitir esta renovação, anual, da redução remuneratória, sem o Governo assumir que ela tem um fim à vista? Se assim continuar, a sistematicamente viabilizar esta medida, nem sequer o Governo precisará de a assumir como definitiva.

*

b) Complementos de pensão (art.º 75º)

No nº 1 do art.º 75º da lei do OE2014 veio estabelecer-se uma restrição ao pagamento de complementos de pensão aos trabalhadores das empresas do setor público empresarial, que tenham apresentado resultados líquidos negativos nos três últimos exercícios apurados à data de entrada em vigor daquela lei, apenas se permitido tal pagamento nos casos em que os complementos sejam integralmente financiados pelas contribuições ou quotizações dos trabalhadores, através de fundos especiais ou outros regimes complementares, nos termos da legislação aplicável.

Esta norma, pese embora o seu carácter imperativo, prevalecendo assim sobre contratos de trabalho ou instrumentos de regulação coletiva de trabalho (nº 7), na medida em que visa situações futuras, não creio que seja susceptível de ser configurada como inconstitucional.

Já quanto ao nº 3 do art.º 75º da lei do OE2014, afigura-se-me que tal juízo de inconstitucionalidade é possível de formular.

Aqui, com efeito, veio estabelecer-se a "suspensão" do pagamento de complementos de pensão a todos os antigos trabalhadores, ora aposentados ou reformados, das empresas do setor público empresarial que tenham

---

[102] Sintomático dessa atitude é a entrevista da Ministra das Finanças à TVI, em 23.01.2014, em que assume que "as pessoas não podem ter a expectativa de voltar ao que era" – cfr. entrevista em http://www.publico.pt/multimedia/video/entrevista-de-maria-luis-albuquerque-a-tvi-na-integra-20141240083.

apresentado resultados líquidos negativos nos três últimos exercícios apurados, com referência à data de entrada em vigor daquela lei.

Na prática, tal como a norma foi desenhada e em função do universo de trabalhadores[103] afectados, não se tratará de uma qualquer "suspensão", nomeadamente com carácter transitório, mas de uma verdadeira ablação[104], e definitiva, daqueles complementos de reforma[105].

Com efeito, a previsão da possibilidade de permissão de pagamento daqueles complementos nos casos em que estes "sejam integralmente financiados pelas contribuições ou quotizações dos trabalhadores, através de fundos especiais ou outros regimes complementares, nos termos da legislação aplicável" (parte final do nº 1 por remissão do nº 3), não é realista pois nas empresas em causa não há "fundos especiais ou outros regimes complementares" naqueles termos, facto que o legislador não desconhecia.

Por outro lado, a prevista possibilidade de ser retomado esse pagamento, após "três anos consecutivos de resultados líquidos positivos" (nº 6), é mais uma vez irrealista, uma vez que não há previsão nenhuma de as referidas

---

[103] Embora a Carris e o Metropolitano de Lisboa não sejam as únicas empresas do sector público empresarial cujos trabalhadores reformados beneficiam de complemento de pensão, são os trabalhadores daquelas empresas os especialmente atingidos (como aliás resulta da notícia da Rádio Renascença em http://rr.sapo.pt/informacao_detalhe.aspx?fid=25&did=134860) isto em função da configuração da norma, nomeadamente ao restringir o universo das empresas àquelas que tenham apresentado resultados líquidos negativos nos três últimos anos.

[104] De proporções elevadas, com casos em que a redução dos rendimentos mensais se situa entre os 60% (v. notícia em http://www.publico.pt/economia/noticia/reformados-do-metro-invadem-sede-da-empresa-em-lisboa-1618530) e os 70% (v. notícia na nota de rodapé antecedente).

[105] Saliente-se que os complementos de reforma estão previstos nos Acordos de Empresa (AE) celebrados entre as administrações destas empresas e os sindicatos representativos dos trabalhadores (v. um exemplo no art.º 39º nº 2 do AE celebrado entre o Metropolitano de Lisboa, E. P., e a FECTRANS — Federação dos Sindicatos de Transportes e Comunicações e outros publicado no BTE nº 14 de 15.04.2009), sendo certo que os complementos de reforma que estão em causa foram acordados, na generalidade, na sequência de processos de reestruturação daquelas empresas, visando reduzir o quadro de pessoal das mesmas (essa redução de trabalhadores das empresas do sector empresarial do Estado do sector dos transportes foi mesmo fixada, para o ano de 2013, em 20%, face ao efectivo existente a 01.01.2011, pelo artº 63º nºs 1 e 2 da lei do OE2013), o que foi feito não pela via do despedimento (ainda que colectivo) e consequente indemnização, mas pela via da antecipação da reforma e rescisão do contrato por mútuo acordo, com o trabalhador sabendo que a sua reforma antecipada (paga pela CGA ou pela Segurança Social) seria menor em face da penalização pelo factor idade, mas que era "compensado" pelo complemento de pensão pago pela empresa.

empresas do sector dos transportes virem a ter aqueles resultados líquidos positivos, nomeadamente no tempo de vida dos ora beneficiários daqueles complementos de reforma. Até porque a exploração das mesmas não pode ser desligada do facto de haver uma componente social na fixação dos preços dos transportes públicos, estabelecida por políticas públicas dos sucessivos governos, que se reflecte negativamente nos resultados de exploração dessas empresas.

Poderá procurar defender-se a legalidade e constitucionalidade da medida em causa, argumentando com a necessidade de redução do défice do OE, em face da repercussão do défice das empresas públicas naquele, e com o facto de os complementos de reforma em causa não resultarem da "comparticipação" ou "contribuição" dos trabalhadores, antes serem integralmente suportados pela empresa.

Não se nos afigura, porém, que tais argumentos sejam suficientemente válidos.

Independentemente de não resultarem da "contribuição" ou "comparticipação" dos trabalhadores, a verdade é que tais complementos de reforma têm fundamento e base num instrumento colectivo de trabalho, o acordo de empresa, que é fonte específica de direito de trabalho (cfr. art.ºs 1º e 2º nºs 1, 2 e 3 al. c) do Código do Trabalho) e que, em função da relação entre as fontes de regulação, também designado como princípio do tratamento mais favorável (cfr. art.º 3º deste Código) se sobrepõe às normas gerais, nomeadamente do próprio código laboral.

Assim, esta fonte legislativa que está na origem daqueles complementos de reforma, bem como o seu valor entre as fontes de direito laboral, não podem deixar de ser considerados como da maior relevância para fundar aí os direitos dos trabalhadores que aceitaram reformar-se antecipadamente e rescindir por mútuo acordo os contratos de trabalho e, consequentemente, dar a tais direitos um valor acrescido em termos de legitimidade.

Estamos, no que tange a estes complementos de pensão, claramente num patamar superior aos das "expectativas legítimas fundadas" que foram acolhidas no Ac. do TC nº 303/90 e que levaram a que fosse declarado inconstitucional o nº 11 do art.º 14º da lei do OE1989, por violação do princípio da confiança, ínsito no princípio do Estado de direito democrático (cfr. nºs 2.2. e 4.1.a) supra).

Afigura-se-nos que o patamar, em termos dos valores constitucionais em causa, é correspondente à situação que foi objecto de apreciação no Ac. do TC nº 141/2002, relativamente às normas das leis do OE1992 e OE1993 que previam um limite mínimo de remuneração, substancialmente mais baixo e com efeitos imediatos, para determinadas categorias de funcionários (os descritos na nota de rodapé nº 23), normas aquelas que foram declaradas inconstitucionais precisamente por violação do mesmo princípio da confiança, ínsito no princípio do Estado de direito democrático (cfr. nºs 2.2. e 4.1.b) supra).

Considerando, no que tange aos referidos complementos de reforma, que:

(i) a norma que opera a sua "suspensão" veio frustrar um direito já constituído e integrado na esfera jurídica do trabalhador, na sequência de um processo de negociação que culminou com a rescisão, por mútuo acordo, de um contrato de trabalho, impedindo assim as empresas de cumprirem as obrigações assumidas com os trabalhadores

(ii) a forma como aquela frustração vai operar é de qualificar como inadmissível, porque irrazoável (em concreto quanto à mesma não vem invocado o "ganho" que isso pode representar em termos percentuais do défice do Estado e não se crê que esse "ganho" justifique aquele sacrifício para aqueles pensionistas), além de extraordinariamente excessiva e onerosa (considerando os valores da redução referidos na nota de rodapé nº 100);

(iii) a medida em causa é uma medida "pontual" e "avulsa", desenquadrada de qualquer perspectiva global de reforma ou modificação das condições de atribuição de complementos de pensão de reforma, afigura-se-nos que há uma efectiva violação do princípio da confiança, ínsito no princípio do Estado de direito democrático, consagrado no art.º 2º da CRP.

Complementarmente é de equacionar que a norma em causa não é também conforme ao princípio da igualdade, consagrado no art.º 13º da CRP na medida em que a mesma, com a sua configuração de "suspensão" total, afecta apenas e tão só uma particular categoria de beneficiários de complementos de pensão, os de algumas empresas do sector público empresarial, e não todos os beneficiários de complementos atribuídos nas mesmas circunstâncias, nomeadamente de outras empresas do "sector público". Acresce que esta norma, ao impor àqueles pensionistas um esforço excepcional, face à redução de rendimentos de que ficam privados, não é compatível com os limites da proibição de excesso, em termos de igualdade proporcional, pelo que também se configura a violação deste princípio, na sua dimensão da igualdade na repartição dos encargos públicos.

Nestes termos afigura-se-me que haverá fundamento para o TC concluir pela inconstitucionalidade do nº 3 do art.º 75º da lei do OE2014.

*

c) CES (art.º 76º)

No art.º 76º da lei do OE2014 é estabelecida uma contribuição extraordinária de solidariedade sobre as pensões, nos mesmos termos em que tinha sido estabelecida no art.º 78º da lei do OE2013, normativo este que, em relação às leis do OE2011 e OE2012, já tinha procedido ao acréscimo da base da incidência e consequente alargamento do universo das pensões atingidas, bem como ao agravamento da taxa, a variar progressivamente entre 3,5% e 10%, esta última cumulada com as seguintes percentagens: *a)* 15 % sobre o montante que excedesse 12 vezes (ou seja, € 5 030,64) o valor do IAS[106], mas que não ultrapassasse 18 vezes aquele valor; *b)* 40 % sobre o montante que ultrapassasse 18 vezes (ou seja, € 7 545,96) o valor do IAS.

Um breve parêntesis para dar nota de que na lei do OE2011, no art.º 162º, a CES foi configurada como uma contribuição extraordinária de 10%, a incidir apenas sobre o valor que excedesse € 5 000,00, pago a um único

---

[106] O IAS "constitui o referencial determinante da fixação, cálculo e actualização dos apoios e outras despesas e das receitas da administração central do Estado, das Regiões Autónomas e das autarquias locais, qualquer que seja a sua natureza, previstos em actos legislativos ou regulamentares" (art.º 2º nº 1 da Lei nº 53-B/2006 de 29.12) e estava previsto para ser actualizado anualmente (art.º 4º desta Lei 53-B/2006) mas tal actualização foi suspensa, inicialmente pelo art.º 1º do DL 323/2009 de 24.12 que estabeleceu um regime transitório para o ano de 2010 e fixou o seu valor em € 419,22. Mas tal suspensão e este valor foram mantidos pelo art.º 79º al. a) da Lei 64-B/2011 de 30.12., pelo que este é o valor de IAS vigente desde 01.01.2010, encontrando-se assim "congelado".

titular a titulo de reforma, pensão, subvenção ou prestação pecuniárias de idêntica natureza. Já na lei do OE2012, no art.º 20º nºs 1 e 15, a CES foi recortada de forma mais gravosa, ou seja, a taxa foi fixada em 25 % sobre o montante pago (a titulo de reforma, etc.), a um único titular, que excedesse 12 vezes (ou seja, € 5 030,64), o valor do IAS, mas que não ultrapassasse 18 vezes aquele valor e em 50 % sobre o montante que ultrapassasse 18 vezes (ou seja, € 7 545,96) o IAS.

Aquele art.º 78º da lei do OE2013 foi objecto de fiscalização de constitucionalidade no Ac. nº 187/2013, tendo o TC decidido, por uma escassa maioria (sete votos a favor e seis votos contra) que esta norma não violava o princípio da confiança ínsito no princípio de Estado de direito democrático e também não atentava contra o princípio da proporcionalidade, em qualquer das suas vertentes, adequação, necessidade ou justa medida.

Na medida em que a norma em causa foi desenhada, na versão original da lei do OE2014, nos mesmos termos em que foi adotada na lei do OE2013, poderá ter-se pensado que o TC não iria mudar a sua jurisprudência, estabelecida no citado aresto nº 187/2013 (supra descrita em 3.3.b.3 e 3.4.b.2), e por isso não seria expectável que este art.º 76º da lei do O2014 viesse a ser declarado inconstitucional.

Pode ter sido essa a razão que levou os dois grupos de deputados e o Provedor de Justiça, que suscitaram a fiscalização sucessiva, abstracta, da lei do OE2014, a não requererem ao TC a fiscalização sucessiva desta norma[107]. Ou então, pelo menos quanto aqueles grupos de deputados, contando que tal norma iria ser objecto de alteração, na sequência do já nessa altura anunciado orçamento rectificativo ao OE2014, terão optado por esperarem pela concretização dessa alteração para suscitarem então essa fiscalização, como aliás já deram sinais públicos nesse sentido[108].

---

[107] Sobre a eventual razão do PR para não suscitar a fiscalização (ainda que sucessiva) desta norma, ou de outras da lei do OE2014, não foi avançada nenhuma razão, em termos oficiais, nomeadamente na Mensagem de Ano Novo, pelo que não pode deixar de se concluir que o PR considera não haver qualquer dúvida sobre a constitucionalidade das medidas do OE2014.
[108] Cfr. notícias na pág. 4 do Jornal i de 18.01.2014 e em http://www.jornaldenegocios.pt/economia/detalhe/bloco_de_esquerda_vai_pedir_fiscalizacao_sucessiva_do_orcamento_rectificativo.html.
A concretizarem-se estes pedidos de fiscalização sucessiva do primeiro orçamento rectificativo do OE2014 é bem possível que o TC opte pela apensação dos mesmos aos pedidos de

Importa, no entanto, fazer notar que aquele raciocínio, de manutenção da jurisprudência do TC face ao art.º 76º da lei do OE2014, na sua versão originária, não era, já então, nem líquido nem seguro, mesmo que todos os Conselheiros que subscreveram o Ac. nº 187/2013 e se encontravam em funções mantivessem o mesmo sentido de voto. Com efeito, um daqueles sete votos favoráveis à constitucionalidade da medida foi o do Cons. Vítor Gomes que, entretanto, já tinha cessado funções por ter atingido o limite do mandato. Assim, mesmo a manter-se a posição dos restantes Conselheiros[109], tudo iria depender do sentido de voto que fosse adoptado pelo Cons. Lino Ribeiro (relator do Ac. nº 862/2013 – v. nota de rodapé infra nº 109), que foi cooptado para ocupar o lugar do Cons. Vítor Gomes.

Do que não haveria dúvidas é que iria ser um desafio muito difícil para o TC decidir sobre a conformidade constitucional do art. 76º da lei do OE2014, se tivesse que se debruçar sobre esta norma, tal como foi recortada na versão original da lei do OE2014, pois torna-se cada vez mais difícil justificar a CES com os argumentos da "emergência", das razões de "interesse público", do "carácter excepcional e transitório" da medida[110] e da sua conformidade ao princípio da proporcionalidade.

Mas a verdade é que o TC não deixará de ser confrontado com o mesmo tipo de desafio, face ao pedido de fiscalização sucessiva, abstracta, do fiscalização sucessiva da versão inicial do OE2014, de modo a fazer uma ponderação global das diversas questões e a tomar uma decisão única.

[109] Isto mesmo dando como pressuposto que até à data dessa decisão não haveria substituição da Cons. Maria João Antunes, a qual votou no sentido da constitucionalidade da medida, e que também já atingiu o limite do mandato em 21.10.2013. Mas haverá essa substituição pois, entretanto, foi cooptado para ocupar o seu lugar o Cons. João Caupers (cfr. Declaração nº 3-A/2014, in DR, 1ª Série, de 28.02.14), cujo sentido de voto será assim relevante para decidir da constitucionalidade desta medida.

[110] O que é mais evidente quando começa a assumir-se que, afinal, a "reforma estrutural para o sistema de pensões" visa substituir "medidas transitórias por outras duradouras" e "o objectivo é desenhar uma reforma que possa reduzir já as pensões em pagamento", segundo anuncia o Diário Económico de 10.01.2014, págs. 4/5, o que também se extrai do preâmbulo da Proposta de Lei nº 193/XII (v. nota de rodapé nº 112), quando nela se refere que a CES não deixa de se assumir como "antecipadora de outras reformas duradouras". Aliás, a fazer fé na notícia do Expresso de 18.01.2014, pág. 40, o Governo terá já constituído um grupo de trabalho "para definir um modelo que torne definitiva a redução de pensões introduzida com a ... CES)".

art.º 76º em causa, na sequência da CES ter sido "recalibrada",[111] mediante um novo alargamento da base de incidência, baixando o patamar dos € 1 350,00 para os € 1 000,00, mantendo a variação das taxas entre 3,5 e 10%, mas com alargamento do patamar de incidência das taxas marginais, pois aquela taxa de 10% manteve a acumulação com as sobretaxas de 15% e 40%, mas os valores de incidência destas aumentaram. Assim a taxa de 15% aplicar-se-á sobre o montante pago que exceda 11 vezes (ou seja, € 4 611,42), o valor do IAS, mas que não ultrapasse 17 vezes aquele valor e a taxa de 40 % sobre o montante que ultrapasse 17 (ou seja, € 7 126,74) vezes o IAS, nos termos constantes da Proposta de lei nº 193/XII[112], que o Governo enviou à AR, onde veio a ser aprovada como primeiro orçamento rectificativo do OE2014.

Nas leis dos OE2011 e OE2012 a incidência desta contribuição extraordinária apenas sobre o que excedesse os montantes de € 5 000,00 e

---

[111] A expressão "recalibrar" foi usada no discurso oficial do Governo, pelo Ministro da Presidência do Conselho de Ministros, Marques Guedes, ao divulgar o "conjunto de medidas alternativas para compensar o défice orçamental criado [??? não é engano, é mesmo o Governo a imputar ao TC uma "responsabilidade" que não lhe pertence, pois quem "criou" o défice foram o Governo e a AR, ao propor aquele e ao aprovar esta uma medida inconstitucional] pela decisão do Tribunal Constitucional sobre a convergência de pensões do Estado e do setor privado" e consta aliás do seu site oficial – cfr. http://www.portugal.gov.pt/pt/mantenha-se-atualizado/20140102-cm-pensoes.aspx.
Provavelmente usou-se a expressão com a ideia de "suavizar" a percepção pública deste agravamento da CES, naquilo que parecer ser uma nova terminologia oficial, aliás no seguimento da "suspensão" do pagamento do subsídio de férias aos trabalhadores do sector público que, como vimos, não é nenhuma suspensão mas uma verdadeira ablação (cfr. nota de rodapé supra nº 21).
Mas, por outro lado, não deixa de ser sintomático, como perspectiva ideológica, o acolhimento pelo Governo desta terminologia do discurso da austeridade, em que tudo se reconduz a meras questões técnicas e, consequentemente, parece que "recalibrar" é apenas e tão só "calibrar de novo", ou seja "determinar o diâmetro da alma das bocas-de-fogo ou dos projécteis" ou "dar a pressão de ar adequada a (pneu, câmara-de-ar, etc.)" – cfr. Dicionário Houaiss da Língua Portuguesa, Edição do Circulo de Leitores.
Claro que é sempre difícil fugir ao rigor das "questões técnicas" e, ironicamente e infelizmente, a verdade é que este "recalibrar" configura realmente um alargamento do "poder de fogo" da CES, que passará a "atingir" mais 79 862 pensionistas segundo números oficiais do Governo – cfr. http://www.portugal.gov.pt/pt/os-ministerios/ministerio-das-financas/mantenha-se-atualizado/20140109-mef-ces-pensoes.aspx)
[112] Acessível em http://www.parlamento.pt/ActividadeParlamentar/Paginas/DetalheIniciativa.aspx?BID=38149

€ 5 034,60, respectivamente, colocava-a, com relativa facilidade, a coberto da eventual violação do princípio da proporcionalidade, em qualquer das suas vertentes, adequação, necessidade ou justa medida. Já, porém, na lei do OE2013, o baixar do limite mínimo para € 1 350,00 e o agravamento das taxas, pois estas incidem sobre todo o montante recebido a partir daquele montante mínimo de € 1 350,00, veio colocar em causa, seriamente, a violação daquele princípio, como aliás foi patente face à votação tangencial no Ac. do TC nº 187/2013.

Ora descer novamente o valor limite de incidência, agora para € 1 000,00, considerando a aprovação na AR da proposta de lei de orçamento rectificativo ao OE2014, parece constituir, além do mais, um teste à capacidade ou aos limites da jurisprudência tolerante do TC para com medidas avulsas, apresentadas como temporárias, mas que tendem a ser sistematicamente renovadas no OE seguinte.

Aliás, em bom rigor, estas alterações sucessivas de diminuir os limites mínimos do valor de incidência da CES e de alargar o leque de incidência das taxas marginais, não pode deixar de apontar para o carácter arbitrário da medida em causa, cujo objectivo parece ser apenas e tão só conseguir, por esta via, e a qualquer custo, um determinado valor de "receita". Donde que, dificilmente, a CES pode ser considerada conforme ao princípio da confiança, ínsito no princípio de Estado de direito democrático.

Acresce, como supra se procurou demonstrar (cfr. ponto 6.1.a)), que a argumentação que vem sendo usada para justificar a medida em causa não cremos que seja suficientemente válida. Sendo ainda certo que, as contribuições para o regime da segurança social ou os descontos para o regime de aposentação da Caixa Geral de Aposentações, perspectivadas como devem ser, ou seja, como "contribuições parafiscais" ou verdadeiros "tributos", são-lhe aplicáveis os princípios da igualdade tributária.

Por isso, a argumentação que acima se expôs (cfr. nº 7) no sentido de que estamos perante um verdadeiro "imposto" – embora encapotado – e daí ser inconstitucional, por violar o princípio da legalidade e da igualdade tributária (art.ºs 103º e 104º da CRP), é a mais adequada a levar o Governo e a AR a respeitarem a Constituição e a elaborarem/aprovarem orçamentos do Estado que não constituam uma "fraude" à chamada "constituição fiscal".

*

d) A contribuição sobre as prestações de doença e de desemprego (art.º 115º)

No art.º 115º da lei do OE2014 foi estabelecida uma contribuição sobre as prestações de doença e de desemprego, de 5% e 6%, respectivamente, em moldes similares à que tinha sido estabelecida no art.º 117º da lei do OE2013. Com uma diferença significativa: o acrescento de uma norma estabelecendo que a aplicação das referidas taxas "não prejudica, em qualquer caso, a garantia do valor mínimo das prestações, nos termos previstos nos respectivos regimes jurídicos" (nº 2 do citado art.º 115º).

Desta forma quis o legislador obviar aos fundamentos (resumidamente expostos em 4.3.a) supra), pelos quais tinha o TC decidido, no Ac. nº 187/2013, que aquele art.º 117º violava o princípio da proporcionalidade e o "parâmetro constitucional da existência condigna". Ressalvando assim o "valor mínimo das prestações", previstas nos respectivos regimes jurídicos de assistência na doença e assistência material em situação de desemprego, creio que o TC aceitará que se fez uma "ponderação valorativa" do "mínimo de sobrevivência" e do "núcleo essencial da existência mínima" e, nessa medida, não a declarará inconstitucional.

Cremos, no entanto, pelas razões atrás aduzidas, que esta contribuição é violadora da designada "constituição fiscal" e, por isso, não é conforme aos princípios constitucionais que regem a elaboração de um orçamento de Estado.

*

e) O cálculo, recálculo e redução das pensões de sobrevivência dos cônjuges sobrevivos e membros sobrevivos de uniões de facto (art.º 117º)

Nos nºs 1 a 3 do art.º 117º da lei do OE2014 estabelecem-se novas taxas para o cálculo das pensões de sobrevivência "a atribuir a partir de 01.01.2014, pela CGA, I.P., e pelo CNP" aos cônjuges sobrevivos ou membros sobrevivos de união de facto de contribuintes dos dois regimes de protecção social/segurança social (o regime de protecção social convergente e o regime geral de segurança social) que percebam valor global mensal a título de pensão igual ou superior a € 2 000,00.

Por sua vez, no nº 5 do mesmo art.º 117º prevê-se que "as pensões de sobrevivência em pagamento pela CGA[113] aos cônjuges sobrevivos e aos membros sobrevivos de união de facto" dos referidos contribuintes, de valor igual ou superior aos indicados € 2 000,00 "são recalculadas, com efeitos a partir de 1 de janeiro de 2014, nos termos estabelecidos nos números 1, 2 e 3".

Acresce estabelecer-se no nº 6 do mesmo preceito que "o valor ilíquido das pensões de sobrevivência dos cônjuges pensionistas do regime geral, em pagamento em 31 de dezembro de 2013" de valor igual ou superior a € 2 000 "é reduzido na percentagem resultante da proporção entre as percentagens previstas no artigo 25º do Decreto-Lei nº 322/90, de 18 de outubro, e as aplicáveis ao cônjuge nos termos dos números 1, 2 e 4".

Para a percepção do âmbito ou consequências do cálculo, recálculo e redução destas pensões de sobrevivência a atribuir ou já em pagamento, importa ainda atentar no que se considera incluído no valor global mensal percebido a título de pensão (nº 7) para atingir os € 2 000,00, ou seja, o somatório da pensão de sobrevivência com "todas as pensões...", independentemente da origem pública ou privada destas e do seu âmbito territorial, pagas ao titular daquela.

Outrossim importa considerar no que não releva ou está excluído da determinação daquele valor (nºs 8 e 9), bem como não olvidar que a diferença de resultado entre a pensão que resultaria das regras anteriores e das agora previstas não será objeto de distribuição pelos outros herdeiros hábeis do contribuinte falecido (nº 13).

A análise da constitucionalidade deste preceito não pode desligar-se do juízo de inconstitucionalidade formulado pelo TC no Ac. nº 862/2013

---

[113] Salienta-se que na versão da Proposta de Lei nº 178/XII se previa no nº 4 do art.º 116º norma similar mas englobando também as pensões de sobrevivência em pagamento pelo CNP, resultando o art.º 116º, na sua redacção final, nomeadamente com os nºs 5 e 6, aquele prevendo um "recálculo" das pensões em pagamento pela CGA e este uma "redução" das pensões em pagamento pelo CNP, das Propostas nºs 521C-1 e 521C-2, de alteração àquela Proposta de Lei, apresentadas e votadas favoravelmente pelos Grupos Parlamentares do PSD e CDS-PP (acessíveis em http://www.parlamento.pt/OrcamentoEstado/Paginas/PesquisaPropostasAlteracao178_XII_3.aspx).

de 19.12.2013[114], sobre as normas das alíneas a) a d) do nº 1 do art.º 7º do Decreto da Assembleia da República nº 187/XII[115].

É verdade que as normas aqui em causa, neste art.º 116º da lei do OE2014, não têm o mesmo âmbito de previsão que as que foram sindicadas no citado Ac. nº 862/2013.

Desde logo porque este art.º 117º visa apenas regular a matéria das "pensões de sobrevivência" dos cônjuges e ex-cônjuges e se as alíneas c) e d) do nº 1 daquele art.º 7º também se dirigiam às "pensões de sobrevivência", já o âmbito das alíneas a) e b) era diverso, pois nelas se estabeleciam normas transitórias para as "pensões de aposentação, de reforma e de invalidez" em pagamento, aos próprios beneficiários do regime de protecção social da função pública, numa perspectiva de estabelecimento de mecanismos de convergência com o regime geral da segurança social.

Depois porque as diversas alíneas do nº 1 daquele art.º 7º eram dirigidas apenas para as pensões já em pagamento e este art.º 117º, nos nºs 1 a 3, se dirige também às pensões "a atribuir". Só nos nºs 5 e 6 se prevê o "recálculo" e "redução" das pensões já em pagamento.

Assim, no que tange às pensões "a atribuir a partir de 01 de janeiro de 2014", creio que a nova fórmula de cálculo prevista nos nºs 1 a 3 do art.º 117º não será susceptível de ser considerada inconstitucional, em abstracto[116]. O argumento no sentido de que estamos apenas perante mera expectativa, sem protecção jurídica, irá acabar por ser sufragado pelo TC, caso venha a ser pedida a fiscalização dos nºs 1 a 3 do art.º 117º em causa.

---

[114] Relator Lino Ribeiro, acessível em http://www.tribunalconstitucional.pt/tc/acordaos/20130862.html e também publicado no DR nº 4, I Série de 04.01.2014.
[115] Acessível em http://app.parlamento.pt/webutils/docs/doc.pdf?path=6148523063446f764 c3246795a5868774d546f334e7a67774c336470626d526c59334a6c6447397a4c31684a535 3396b5a574d784f44637457456c4a4c6d527659773d3d&fich=decl87-XII.doc&Inline=true
[116] Dizemos "em abstracto" porquanto o relevante em termos do direito à pensão não é o momento da sua atribuição pela CGA, mas o momento de formação do direito (cfr. art 43º do Estatuto da Aposentação) e, assim, se o direito se constituiu antes da entrada em vigor deste art.º 116º, o valor da mesma terá de ser o que resultava da fórmula de cálculo então em vigor e não esta nova fórmula. Uma interpretação do nº 1 deste art.º 116º que, num caso concreto, não aplique a norma neste sentido, é inconstitucional pelas razões posteriormente avançadas no texto no que tange aos nºs 5 e 6 do art.º 116º, que estabelecem o "recálculo" e a "redução" das pensões já em pagamento.

Em última análise, o TC dificilmente se pode eximir à sua recente jurisprudência, estabelecida no Ac. 862/2013, onde considerou que, "nas *pensões em formação*, apesar de também poderem existir expectativas legítimas dignas de proteção – garantidas, em regra, por normas transitórias – os subscritores, futuros beneficiários, podem contar com a possibilidade de mudança, já que o legislador, através do artigo 43.º do Estatuto da Aposentação, os adverte que o regime de aposentação se fixa com base na lei em vigor e na situação existente à data em que se verificam os pressupostos que dão origem à aposentação (cfr. Acórdãos deste Tribunal n.º 99/99, n.º 302/2006 e 351/2008)".

Transpondo para a situação aqui em causa, poderá invocar-se também que os potenciais futuros beneficiários, os cônjuges sobrevivos ou membros sobrevivos de uma união de facto, não têm uma expectativa, jurídica, de que a pensão seja calculada segundo uma determinada fórmula que esteve em vigor, quando ainda se encontra vivo o cônjuge ou companheiro de facto que veio posteriormente a falecer.

Já em relação ao "recálculo" e à "redução" estabelecidas nos n.ºs 5 e 6 do art.º 117º, "a partir de 01 de janeiro de 2014", das pensões de sobrevivência de valor igual ou superior a € 2 000,00 que já se encontram em pagamento, quer pela CGA, quer pelo regime geral, mais uma vez é o TC defrontado com uma opção legislativa de inquestionável inconstitucionalidade.

Pode argumentar-se com tudo e mais alguma coisa, nomeadamente o argumento de que "não há dinheiro"[117] e, portanto, não é possível garantir direitos se não há dinheiro para os pagar.

A este argumento dir-se-á, muito simplesmente, que não deixa de ser curioso notar que são sempre os direitos dos mesmos – os resultantes dos rendimentos do trabalho ou de pensões calculadas segundo regras legais, obrigatórias para os seus destinatários que durante anos contribuíram com descontos nos seus ordenados e vencimentos – a ser objecto de sacrifício

---

[117] Segundo relata o Jornal de Negócios, on-line, o argumento do Primeiro-Ministro, no debate do Orçamento de Estado, foi precisamente o de que "Vale de pouco, vale de muito pouco a Constituição proteger os direitos sociais quando o Estado não tem dinheiro para os pagar" – cfr. http://www.jornaldenegocios.pt/economia/detalhe/quotvale_de_muito_pouco_a_constituiccedilatildeo_proteger_direitos_sociais_se_o_estado_natildeo_tem_dinheiro_para_os_pagarquot.html

em nome do "interesse público" e que, quando se trata de o Estado cumprir os seus compromissos em face dos contratos de Parcerias Público Privadas[118], ou proceder ao pagamento das rendas dos mais diversos sectores, nomeadamente energético[119] e, ainda, financiar o sector bancário/financeiro[120], que está na origem da crise económico-financeira de 2007/2008, que despoletou a crise económica que estamos a viver e a pagar, aí já não se levantam problemas de falta de dinheiro.

A continuarmos assim, vamos ver se não chegamos ao dia em que não haverá direitos adquiridos, pelo menos de natureza patrimonial e então, bem se poderá dizer que já houve quem tivesse alertado para esse risco, em discurso que não devia ter passado em claro, em função da então responsabilidade do seu autor, do evento e do local[121].

---

[118] O Conselho Económico e Social, no seu parecer (v. nota de rodapé nº 49), considerando que na proposta de lei do OE2014 se prevê um aumento de encargos com as Parcerias Publico Privadas, face a 2013, não tem dúvidas em concluir que estes instrumentos "continuam a exercer pressão sobre as contas públicas portuguesas, constituindo um fator de resistência à construção de uma trajetória de sustentabilidade das finanças públicas".

[119] A recomendação da Autoridade da Concorrência, ao Governo, de 25.11.2013, em que recomenda a revisão da rendas à EDP, até por criar mecanismos de distorção da concorrência, continua sem quaisquer efeitos práticos – cfr. a recomendação em http://www.concorrencia.pt/vPT/Estudos_e_Publicacoes/Recomendacoes_e_Pareceres/Documents/Recomendacao_2013_01.pdf.

[120] O relatório da Execução Orçamental em Contabilidade Pública, da Unidade Técnica de Apoio Orçamental (UTAO) da AR, de Dezembro de 2013 dá conta de que, só neste ano de 2013, "a recapitalização do BANIF, efetuada no âmbito da iniciativa para o reforço da estabilidade financeira, ascendeu a 1100 M€" e que o Estado teve como despesa, na concessão de empréstimos à PARUPS (283 M€) e à PARVALOREM (227 M€), um total de 510 M€ (a Parups e a Parvalorem são sociedades-veículo criadas para absorver o "lixo toxico" do extinto BPN). – cfr. relatório em http://app.parlamento.pt/webutils/docs/doc.pdf?path=6148523063446f764c324679626d56304c334e706447567a4c31684a5355786c5a793944454303076e554e4e50526b46514c30467963585670646d394462323170 63334e686279395656564546504a5449774c5355794d465675615752685a47556c4d6a6a425577366c6c6a626d6c6a6a595355794d47526c4a54497751515842766157386c4d6d6a425063734f6e5957316c626e526862247466547566a6164634f6e77364e764a54497754334467246745a5735305957776c4d6a6a426c625355794d4454e76626e5268596d6c6c73615752685a47556c4d6a6a4251517337706962476c6c73595335794d6c4c6a425517737706962476c6c73595335794d6c4c6a425317373706962476c6l73595335794d6c4c6a4c5449774d5452665258686c635f4f72635f64657a5f323031332e7064662646696e6c696e65747275a d&fich=UTAO-IT-03-2014_Exec_Orc_dez_2013.pdf&Inline=true

[121] Estou a referir-me ao discurso do então Presidente do STJ, Conselheiro Noronha Nascimento, proferido no STJ, na abertura do ano judicial de 2012, discurso este que se encontra

Como é óbvio, a invocação de que "não há dinheiro" não é argumento válido que legitime os n.ºs 5 e 6 do art.º 117º em causa os quais, como supra se disse, constituem uma opção legislativa de inquestionável inconstitucionalidade, sendo-lhes inteiramente aplicável a jurisprudência do recente Ac. nº 862/2013 que decidiu, por unanimidade, pela inconstitucionalidade das als a) a d) do nº 1 do art.º 7º, onde se previam normas transitórias do Dec. da AR nº 187/XII, que estabelecia mecanismos de convergência do regime de proteção social da função pública com o regime geral da segurança social.

Com efeito, como se salientou no Ac. nº 862/2013, "a diferença entre os dois grupos de normas [als a) e c) por um lado e b) e d) por outro] localiza-se sobretudo na esfera da respetiva eficácia subjetiva" e, por isso, no referido aresto se considerou que, "sendo a norma parâmetro a mesma – o princípio da proteção da confiança em associação com o princípio da proporcionalidade – não há qualquer interesse em escrutinar separadamente as normas em apreciação".

Daí que, tendo procedido a tal escrutínio conjunto, o TC tenha concluído que "a redução e recálculo do montante das pensões dos atuais beneficiários, com efeitos imediatos, é uma medida que afecta desproporcionadamente o princípio constitucional da proteção da confiança ínsito no princípio do Estado de Direito democrático plasmado no artigo 2.º da Constituição da República Portuguesa".

No *iter* para chegar a tal conclusão o TC, depois de demonstrar que "as quatro leis de bases gerais do sistema de segurança social publicadas ao abrigo do artigo 63.º da CRP estabeleceram sempre um *princípio da salvaguarda dos direitos adquiridos e em formação*" e que nas mesmas "o legislador criou *direito transitório*, que inseriu nos respetivos diplomas, estatuindo que as pensões que estivessem a ser abonadas à data da sua entrada em vigor

---

acessível em http://www.stj.pt/ficheiros/coloquios/AnoJud2012/presidentestj.pdf, onde alertou que "direitos adquiridos não são apenas aqueles de que se fala em épocas de crise, isto é, as pensões fixadas, os salários estabilizados e as prestações acordadas; são também os direitos obrigacionais dos credores, os direitos de propriedade e os direitos societários dos sócios dominantes ou não. Defender que não há direitos adquiridos é dizer que todos eles, mas todos, podem ser atingidos, diminuídos ou, no limite eliminados; ou seja, é admitir o regresso ao tempo das ocupações, das autogestões ou do confisco porque estamos perante direitos adquiridos alteráveis perante situações excecionais. Será que se está preparado para aceitar todas, mas todas, as sequelas lógico-jurídicas de quem assim pensa?" –

não sofreriam qualquer redução de valor", o TC, dizíamos, não teve dúvidas em afirmar que "neste contexto, a redução das pensões operada através do artigo 7.º do Decreto n.º 187/XII é uma medida regressiva que mina a confiança legítima que os pensionistas têm na manutenção do montante de pensão que foi fixado com base na legislação vigente à data em que se aposentaram".

Aduziu ainda o TC que "a medida ora em análise não é temporária, mas antes de duração indefinida, uma vez que a respetiva reversibilidade, embora admitida, se encontra dependente da evolução favorável de variáveis macroeconómicas diretamente relacionadas com o aumento da capacidade de financiamento do défice estrutural do sistema de pensões da CGA por via de transferências do Orçamento do Estado".

Finalmente, não deixou o TC de defrontar a questão do "interesse público" invocado para justificar a redução das pensões em causa, concluindo pela negativa quanto a tal justificação, porquanto a medida em causa "representa ... uma mera medida avulsa de redução de despesa, através da afetação dos direitos constituídos dos pensionistas da CGA, destinada a minorar o desequilíbrio orçamental do sistema de proteção social da função pública e que é motivada, em última análise, pela própria opção legislativa de não admissão de novos subscritores na CGA, com a consequente e inevitável impossibilidade de autofinanciamento do sistema".

Todas estas considerações são absoluta e integralmente susceptíveis de ser convocadas a propósito do "recálculo" e da "redução" previstas nos n.ºs 5 e 6 do art.º 117.º. Falha, claramente, o argumento da "transitoriedade" da medida e da "emergência" da crise económico-financeira, pois a redução (por força do "recálculo" e da "redução") mais do "indefinida" (assim caracterizada pelo TC quanto às medidas previstas no citado art.º 7.º) é aqui recortada como definitiva e não para vigorar apenas enquanto subsistir o cenário da crise. Nem sequer aqui é colocada qualquer cláusula de reversibilidade, como se encontrava prevista no n.º 6 do art.º 7.º do Dec. da AR n.º 187/XII, para lhe dar uma áurea de temporariamente "indefinida".

Por outro lado, o argumento do "interesse público", que já valeria pouco em situação de sacrifício excepcional de apenas um grupo de cidadãos, mas daí resultando vantagens para toda a comunidade, é absolutamente insustentável nestas condições, de afectação definitiva de direitos solidificados e protegidos pelo direito constituído. Acresce que este grupo de cidadãos atingidos, em situação de viuvez (ou membros sobrevivos de uniões de facto) ou orfandade é, em regra, especialmente desfavorecido, merecendo por isso especial protecção constitucional (cfr. art.º 63º nº 3 da CRP).

Acrescente-se que a circunstância de não se prever qualquer salvaguarda das situações jurídicas já constituídas, através de direito transitório que permitissem uma entrada em vigor de forma gradual das novas regras, antes se prevendo uma aplicabilidade imediata e em sentido mais desfavorável aos actuais beneficiários, não pode deixar de levar à conclusão de que está colocada em causa a confiança legítima que aqueles beneficiários têm na manutenção do montante de pensão que lhes foi fixada com base na legislação em vigor à data em que lhes foi reconhecido o direito à pensão de sobrevivência.

Por outro lado não se invoque, para tentar "salvar" estes preceitos, que o "recálculo" e a "redução" só se aplicam a quem perceba pensão de valor global mensal igual ou superior a € 2 000,00, ou seja, que somada com qualquer outra pensão igual ou ultrapasse aquele valor (v. nº 7 do art.º 117º), enquanto nas als a) a d) do nº 1 do citado art.º 7º o "recálculo" ou "redução" abrangia um valor muito inferior, a pensão de valor global mensal igual ou superior a € 600,00.

Tal invocação só teria sentido em face da necessidade de ponderação autónoma do "princípio da proporcionalidade", como se defendeu na declaração de voto das Conselheiras Fátima Mata Mouros e Maria José Mesquita, ao referido Ac. nº 862/2013, o que não foi considerado necessário pela esmagadora maioria dos demais membros do TC.

Igualmente não creio que as normas em causa passem o crivo do princípio da igualdade, já que estamos perante medida que consubstancia um tratamento injustificadamente desigual de um conjunto de cidadãos, os cônjuges sobrevivos ou membros sobrevivos de união de facto de contribuintes dos regimes convergente e geral de protecção/segurança social, que assim se vêm privados de uma parte das suas pensões de sobrevivência, para que o orçamento do Estado contenha menos despesa e, dessa forma, o Estado não tenha necessidade de prever as correspondentes receitas para suportar esta despesa, receitas essas que seriam obrigação de todos os cidadãos e pessoas colectivas com capacidade contributiva e na medida dessa capacidade.

Em última análise ou, em bom rigor, em primeira análise, estamos mais uma vez perante normas que, analisadas à luz dos princípios da "constituição fiscal", os quais se deveriam impor quando estamos a analisar a conformidade constitucional de um orçamento do Estado, não são conformes com tais princípios. É inquestionável que o orçamento da segurança social faz parte do orçamento do Estado (cfr. art.º 105º nº 1 al. b) da CRP), mas não pode, a pretexto disso, usar-se o orçamento do Estado para extinguir direitos já atribuídos e consolidados no âmbito dos regimes de protecção social convergente e regime geral da segurança social.

Acresce que, com as normas em causa (nºs 5 e 6 do art.º 117º citado), o que se pretende é extinguir, definitivamente, uma parcela de uma obrigação do Estado, em termos de segurança social, perante determinados titulares do direito, usando para tal o Estado do *jus imperii* enquanto Estado fiscal. Só que o Estado não pode eximir-se assim das suas obrigações enquanto "Estado-gestor" dos sistemas da segurança social e da CGA e das quantias que foram encaminhadas para estes sistemas, no âmbito da legislação e das obrigações que incumbiam a todos os destinatários do sistema, incluindo os falecidos contribuintes, que durante anos procederam aos descontos obrigatórios legalmente previstos.

*

f) *A sobretaxa em sede de IRS (art.º 176º)*

No art.º 176º da lei do OE2014 é estabelecida uma sobretaxa em sede de IRS, nos exactos termos em que tinha sido estabelecida no art.º 187º da lei do OE2013.

Aquele art.º 187º tinha sido objecto de fiscalização de constitucionalidade no Ac. do TC nº 187/2013, aí se concluindo que esta norma não violava os princípios da unidade e da progressividade do imposto sobre o rendimento, consagrados no art.º 104º nº 1 da CRP.

A fundamentação do TC, quanto a esta questão, é suficientemente consistente e terá sido devidamente ponderada por quem tinha legitimidade para suscitar a fiscalização sucessiva abstracta da constitucionalidade. Provavelmente, por não se terem encontrado argumentos novos, significativamente fortes e impressivos, tal pedido de fiscalização desta norma não veio a ser formulado pelos dois grupos de deputados que requereram a fiscalização sucessiva, abstracta, de várias outras normas da lei do OE2014.

Isto não invalida, muito pelo contrário, que não se deva tomar em consideração e ponderar as consequências desta sobretaxa em sede de IRS, quando houver que proceder à análise de outras medidas, nomeadamente para aferir do princípio da proporcionalidade da redução de vencimentos, prevista no art.º 33º da lei do OE2014. Isto aliás à semelhança do que o TC já fez no passado, no caso e a propósito da suspensão do pagamento dos subsídios de férias e de Natal ou prestações equivalentes.

ANEXO

Lei nº 83-C/2013 de 31 de Dezembro
Orçamento do Estado para 2014

A Assembleia da República decreta, nos termos da alínea g) do artigo 161.º da Constituição, o seguinte:

CAPÍTULO I
Aprovação do Orçamento

Artigo 1.º
Aprovação

1 – É aprovado pela presente lei o Orçamento do Estado para o ano de 2014, constante dos mapas seguintes:

(...)

CAPÍTULO III
Disposições relativas a trabalhadores do setor público, aquisição de serviços, proteção social e aposentação ou reforma

SECÇÃO I
Redução remuneratória

Artigo 33.º
Redução remuneratória

1 – Durante o ano de 2014 são reduzidas as remunerações totais ilíquidas mensais das pessoas a que se refere o n.º 9, de valor superior a € 675, quer estejam em exercício de funções naquela data, quer iniciem tal exercício, a qualquer título, depois dela, nos seguintes termos:

a) Para valores de remunerações superiores a € 675 e inferiores a € 2 000, aplica-se uma taxa progressiva que varia entre os 2,5% e os 12%, sobre o valor total das remunerações;
b) 12 % sobre o valor total das remunerações superiores a € 2 000.

2 – Exceto se a remuneração total ilíquida agregada mensal percebida pelo trabalhador for inferior ou igual a € 2 000, caso em que se aplica o disposto no número anterior, são reduzidas em 12 % as diversas remunerações, gratificações ou outras prestações pecuniárias nos seguintes casos:
a) Pessoas sem relação jurídica de emprego com qualquer das entidades referidas no n.º 9, nestas a exercer funções a qualquer outro título, excluindo-se as aquisições de serviços previstas no artigo 72.º;
b) Pessoas referidas no n.º 9 a exercer funções em mais de uma das entidades mencionadas naquele número.

3 – As pessoas referidas no número anterior prestam, em cada mês e relativamente ao mês anterior, as informações necessárias para que os órgãos e serviços processadores das remunerações, gratificações ou outras prestações pecuniárias possam apurar a taxa de redução aplicável.

4 – Para efeitos do disposto no presente artigo:
a) Consideram-se «remunerações totais ilíquidas mensais» as que resultam do valor agregado de todas as prestações pecuniárias, designadamente remuneração base, subsídios, suplementos remuneratórios, incluindo emolumentos, gratificações, subvenções, senhas de presença, abonos, despesas de representação e trabalho suplementar, extraordinário ou em dias de descanso e feriados;
b) Não são considerados os montantes abonados a título de subsídio de refeição, ajuda de custo, subsídio de transporte ou o reembolso de despesas efetuado nos termos da lei e os montantes pecuniários que tenham natureza de prestação social;
c) A taxa progressiva de redução para aplicar aos valores de remuneração entre os € 675 e os € 2 000 é determinada por interpolação linear entre as taxas definidas para os valores de remuneração de referência imediatamente abaixo e acima do valor de remuneração em análise, determinada da seguinte forma:

$$2{,}5\% + \left[(12\% - 2{,}5\%) \times \frac{\text{valor da remuneração} - 675\ \text{€}}{2\ 000\ \text{€} - 675\ \text{€}}\right]$$

d) Na determinação da taxa de redução, os subsídios de férias e de Natal são considerados mensalidades autónomas;

e) Os descontos devidos são calculados sobre o valor pecuniário reduzido por aplicação do disposto nos n.ºs 1 e 2.

5 – Nos casos em que da aplicação do disposto no presente artigo resulte uma remuneração total ilíquida inferior a € 675, aplica-se apenas a redução necessária a assegurar a perceção daquele valor.

6 – Nos casos em que apenas parte das remunerações a que se referem os n.ºs 1 e 2 é sujeita a desconto para a CGA, I. P., ou para a segurança social, esse desconto incide sobre o valor que resultaria da aplicação da taxa de redução prevista no n.º 1 às prestações pecuniárias objeto daquele desconto.

7 – Quando os suplementos remuneratórios ou outras prestações pecuniárias forem fixados em percentagem da remuneração base, a redução prevista nos n.ºs 1 e 2 incide sobre o valor dos mesmos, calculado por referência ao valor da remuneração base antes da aplicação da redução.

8 – A redução remuneratória prevista no presente artigo tem por base a remuneração total ilíquida apurada após a aplicação das reduções previstas nos artigos 11.º e 12.º da Lei n.º 12-A/2010, de 30 de junho, alterada pela Lei n.º 64 -B/2011, de 30 de dezembro, e na Lei n.º 47/2010, de 7 de setembro, alterada pela Lei n.º 52/2010, de 14 de dezembro, para os universos neles referidos.

9 – O disposto no presente artigo é aplicável aos titulares dos cargos e demais pessoal de seguida identificados:

a) O Presidente da República;
b) O Presidente da Assembleia da República;
c) O Primeiro-Ministro;
d) Os Deputados à Assembleia da República;
e) Os membros do Governo;
f) Os juízes do Tribunal Constitucional e os juízes do Tribunal de Contas, o Procurador-Geral da República, bem como os magistrados judiciais, os magistrados do Ministério Público e os juízes da jurisdição administrativa e fiscal e dos julgados de paz;
g) Os Representantes da República para as regiões autónomas;
h) Os deputados às Assembleias Legislativas das regiões autónomas;
i) Os membros dos Governos Regionais;

j) Os eleitos locais;
k) Os titulares dos demais órgãos constitucionais não referidos nas alíneas anteriores, bem como os membros dos órgãos dirigentes de entidades administrativas independentes, nomeadamente as que funcionam junto da Assembleia da República;
l) Os membros e os trabalhadores dos gabinetes, dos órgãos de gestão e de gabinetes de apoio, dos titulares dos cargos e órgãos das alíneas anteriores, do Presidente e Vice-Presidente do Conselho Superior da Magistratura, do Presidente e Vice-Presidente do Conselho Superior dos Tribunais Administrativos e Fiscais, do Presidente do Supremo Tribunal de Justiça, do Presidente e juízes do Tribunal Constitucional, do Presidente do Supremo Tribunal Administrativo, do Presidente do Tribunal de Contas, do Provedor de Justiça e do Procurador-Geral da República;
m) Os militares das Forças Armadas e da Guarda Nacional Republicana, incluindo os juízes militares e os militares que integram a assessoria militar ao Ministério Público, bem como outras forças militarizadas;
n) O pessoal dirigente dos serviços da Presidência da República e da Assembleia da República, e de outros serviços de apoio a órgãos constitucionais, dos demais serviços e organismos da administração central, regional e local do Estado, bem como o pessoal em exercício de funções equiparadas para efeitos remuneratórios;
o) Os gestores públicos, ou equiparados, os membros dos órgãos executivos, deliberativos, consultivos, de fiscalização ou quaisquer outros órgãos estatutários dos institutos públicos de regime comum e especial, de pessoas coletivas de direito público dotadas de independência decorrente da sua integração nas áreas de regulação, supervisão ou controlo, das empresas públicas de capital exclusiva ou maioritariamente público, das entidades públicas empresariais e das entidades que integram o setor empresarial regional e municipal, das fundações públicas e de quaisquer outras entidades públicas;
p) Os trabalhadores que exercem funções públicas na Presidência da República, na Assembleia da República, em outros órgãos constitucionais, bem como os que exercem funções públicas, em qualquer

modalidade de relação jurídica de emprego público, nos termos do disposto nos n.ºs 1 e 2 do artigo 2.º, e nos n.ºs 1, 2 e 4 do artigo 3.º da Lei n.º 12-A/2008, de 27 de fevereiro, incluindo os trabalhadores em mobilidade especial e em licença extraordinária;

q) Os trabalhadores dos institutos públicos de regime especial e de pessoas coletivas de direito público dotadas de independência decorrente da sua integração nas áreas de regulação, supervisão ou controlo, incluindo as entidades reguladoras independentes;

r) Os trabalhadores das empresas públicas de capital exclusiva ou maioritariamente público, das entidades públicas empresariais e das entidades que integram o setor empresarial regional e municipal;

s) Os trabalhadores e dirigentes das fundações públicas de direito público e das fundações públicas de direito privado e dos estabelecimentos públicos não abrangidos pelas alíneas anteriores;

t) O pessoal nas situações de reserva, pré-aposentação e disponibilidade, fora de efetividade de serviço, que beneficie de prestações pecuniárias indexadas aos vencimentos do pessoal no ativo.

10 – As entidades processadoras das remunerações dos trabalhadores em funções públicas referidas na alínea *p)* do número anterior, abrangidas pelo n.º 2 do artigo 2.º da Lei n.º 12-A/2008, de 27 de fevereiro, pela Lei n.º 66/2012, de 31 de dezembro e pela Lei n.º 66-B/2012, de 31 de dezembro, bem como os órgãos ou serviços com autonomia financeira processadores das remunerações dos trabalhadores em funções públicas referidos nas alíneas *q)* e *s)* do número anterior, procedem à entrega das quantias correspondentes às reduções remuneratórias previstas no presente artigo nos cofres do Estado, ressalvados os casos em que as remunerações dos trabalhadores em causa tenham sido prévia e devidamente orçamentadas com aplicação dessas mesmas reduções.

11 – O disposto no presente artigo é ainda aplicável a todos os contratos a celebrar, por instituições de direito privado, que visem o desenvolvimento de atividades de docência, de investigação ou com ambas conexas, sempre que os mesmos sejam expressamente suportados por financiamento público, no âmbito dos apoios ao Sistema Científico e Tecnológico Nacional (SCTN), continuando a aplicar-se as reduções entretanto determinadas aos diferentes tipos de contratos em vigor, celebrados naqueles termos.

12 – O abono mensal de representação previsto na alínea *a*) do n.º 1 do artigo 61.º do Decreto–Lei n.º 40-A/98, de 27 de fevereiro, alterado pelos Decretos-Leis n.ºs 153/2005, de 2 de setembro, e 10/2008, de 17 de janeiro, e pela Lei n.º 55-A/2010, de 31 de dezembro, é reduzido em 4%, sem prejuízo das reduções previstas nos números anteriores.

13 – O disposto no presente artigo não se aplica aos titulares de cargos e demais pessoal das empresas de capital exclusiva ou maioritariamente público e das entidades públicas empresariais que integrem o setor público empresarial se, em razão de regulamentação internacional específica, daí resultar diretamente decréscimo de receitas.

14 – Não é aplicável a redução prevista no presente artigo nos casos em que pela sua aplicação resulte uma remuneração ilíquida inferior ao montante previsto para o salário mínimo em vigor nos países onde existem serviços periféricos externos do Ministério dos Negócios Estrangeiros.

15 – Salvo o disposto no n.º 11, o regime fixado no presente artigo tem natureza imperativa, prevalecendo sobre quaisquer outras normas, especiais ou excecionais, em contrário e sobre instrumentos de regulamentação coletiva de trabalho e contratos de trabalho, não podendo ser afastado ou modificado pelos mesmos.

(...)

Artigo 75.º
Complementos de pensão

1 – Nas empresas do setor público empresarial que tenham apresentado resultados líquidos negativos nos três últimos exercícios apurados, à data de entrada em vigor da presente lei, apenas é permitido o pagamento de complementos às pensões atribuídas pelo Sistema Previdencial da Segurança Social, pela CGA, I. P., ou por outro sistema de proteção social, nos casos em que aqueles complementos sejam integralmente financiados pelas contribuições ou quotizações dos trabalhadores, através de fundos especiais ou outros regimes complementares, nos termos da legislação aplicável.

2 – O disposto no número anterior aplica-se ao pagamento de complementos de pensão aos trabalhadores no ativo e aos antigos trabalhadores aposentados, reformados e demais pensionistas.

3 – O pagamento de complementos de pensão pelas empresas a que se refere o n.º 1, fora das condições estabelecidas nos números anteriores, encontra-se suspenso.

4 – Excetua-se do disposto nos números anteriores o pagamento de complementos de pensão pelas empresas que já os realizavam em 31 de dezembro de 2013, nos casos em que a soma das pensões auferidas pelo respetivo beneficiário do Sistema Previdencial da Segurança Social, da CGA, I. P., e de outros sistemas de proteção social seja igual ou inferior a € 600 mensais.

5 – Nos casos a que se refere o número anterior, o valor mensal do complemento de pensão encontra-se limitado ao valor mensal de complemento de pensão pago a 31 de dezembro de 2013 e à diferença entre os € 600 mensais e a soma das pensões mensais auferidas pelo respetivo beneficiário do Sistema Previdencial da Segurança Social, da CGA, I. P., e de outros sistemas de proteção social.

6 – O pagamento de complementos de pensão é retomado num contexto de reposição do equilíbrio financeiro das empresas do setor público empresarial, após a verificação de três anos consecutivos de resultados líquidos positivos.

7 – O regime fixado no presente artigo tem natureza imperativa, enquanto se verificarem as condições nele estabelecidas, prevalecendo sobre contratos de trabalho ou instrumentos de regulação coletiva de trabalho e quaisquer outras normas legais, especiais ou excecionais, em contrário, não podendo ser afastado ou modificado pelas mesmas.

(...)

Artigo 76.º
Contribuição extraordinária de solidariedade

1 – Durante o ano de 2014 as pensões pagas a um único titular são sujeitas a uma Contribuição Extraordinária de Solidariedade (CES) CES, nos seguintes termos:

    a) 3,5% sobre a totalidade das pensões de valor mensal entre € 1 350 *[este valor foi alterado para "€ 1 000,00" através do primeiro Orçamento rectificativo ao OE2014]* e € 1 800;

b) 3,5% sobre o valor de € 1 800 e 16% sobre o remanescente das pensões de valor mensal entre € 1 800,01 e € 3 750, perfazendo uma taxa global que varia entre 3,5% e 10%;
   c) 10% sobre a totalidade das pensões de valor mensal superior a € 3 750.

2 – Quando as pensões tiverem valor superior a € 3 750 são aplicadas, em acumulação com a referida na alínea *c)* do número anterior, as seguintes percentagens:
   a) 15 % sobre o montante que exceda 12 vezes *[este valor foi alterado para "11 vezes" através do primeiro Orçamento rectificativo ao OE2014]* o valor do IAS mas que não ultrapasse 18 vezes *[este valor foi alterado para "17 vezes" através do primeiro Orçamento rectificativo ao OE2014]* aquele valor;
   b) 40 % sobre o montante que ultrapasse 18 vezes *[este valor foi alterado para "17 vezes" através do primeiro Orçamento rectificativo ao OE2014]* o valor do IAS.

3 – O disposto nos números anteriores abrange, além das pensões, todas as prestações pecuniárias vitalícias devidas a qualquer título a aposentados, reformados, pré-aposentados ou equiparados que não estejam expressamente excluídas por disposição legal, incluindo as atribuídas no âmbito de regimes complementares, independentemente:
   a) Da designação das mesmas, nomeadamente pensões, subvenções, subsídios, rendas, seguros, indemnizações por cessação de atividade, prestações atribuídas no âmbito de fundos coletivos de reforma ou outras, e da forma que revistam, designadamente pensões de reforma de regimes profissionais complementares;
   b) Da natureza pública, privada, cooperativa ou outra, e do grau de independência ou autonomia da entidade processadora, nomeadamente as suportadas por institutos públicos, entidades reguladoras, de supervisão ou controlo, empresas públicas, de âmbito nacional, regional ou municipal, caixas de previdência de ordens profissionais e por pessoas coletivas de direito privado ou cooperativo, designadamente:
      i) Centro Nacional de Pensões (CNP), no quadro do regime geral de segurança social;

ii) Caixa Geral de Aposentações, I.P. (CGA, I.P.), com exceção das pensões e subvenções automaticamente atualizadas por indexação à remuneração de trabalhadores no ativo, que ficam sujeitas às medidas previstas na presente lei para essas remunerações;
iii) Caixa de Previdência dos Advogados e Solicitadores (CPAS);
iv) Instituições de crédito, através dos respetivos fundos de pensões, por força do regime de segurança social substitutivo constante de instrumento de regulamentação coletiva de trabalho vigente no setor bancário;
v) Companhias de seguros e entidades gestoras de fundos de pensões;

c) Da natureza pública, privada ou outra da entidade patronal ao serviço da qual efetuaram os respetivos descontos ou contribuições ou de estes descontos ou contribuições resultarem de atividade por conta própria, bem como de serem obrigatórios ou facultativos;

d) Do tipo de regime, legal, convencional ou contratual subjacente à sua atribuição, e da proteção conferida, de base ou complementar.

4 – O disposto nos números anteriores não é aplicável ao reembolso de capital e respetivo rendimento, quer adotem a forma de pensão ou prestação pecuniária vitalícia ou a de resgate, de produto de poupança individual facultativa subscrito e financiado em exclusivo por pessoa singular.

5 – Para efeitos de aplicação do disposto nos n.ºs 1 a 3, considera-se a soma de todas as prestações percebidas pelo mesmo titular, independentemente do ato, facto ou fundamento subjacente à sua concessão.

6 – Nos casos em que, da aplicação do disposto no presente artigo, resulte uma prestação mensal total ilíquida inferior a € 1 350 *[este valor foi alterado para "€ 1 000,00" através do primeiro Orçamento rectificativo ao OE2014]* o valor da CES devida é apenas o necessário para assegurar a perceção do referido valor.

7 – Na determinação da taxa da CES, o 14.º mês ou equivalente e o subsídio de Natal são considerados mensalidades autónomas.

8 – A CES reverte a favor do IGFSS, I.P., no caso das pensões atribuídas pelo sistema de segurança social e pela CPAS, e a favor da CGA, I.P., nas restantes situações, competindo às entidades processadoras proceder à dedução e entrega da contribuição até ao dia 15 do mês seguinte àquele em que sejam devidas as prestações em causa.

9 – A CES apenas é acumulável com a redução das pensões da CGA operada no quadro da convergência deste regime com as regras de cálculo do regime geral de segurança social na parte em que o valor daquela exceda o desta. *[este nº 9 foi revogado pelo art.º 4º da lei que aprovou o primeiro Orçamento rectificativo ao OE2014]*

10 – Todas as entidades abrangidas pelo n.º 3 são obrigadas a comunicar à CGA, I.P., até ao dia 20 de cada mês, os montantes abonados por beneficiário nesse mês, independentemente de os mesmos atingirem ou não, isoladamente, o valor mínimo de incidência da CES.

11 – O incumprimento pontual do dever de comunicação estabelecido no número anterior constitui o responsável máximo da entidade, pessoal e solidariamente responsável, juntamente com o beneficiário, pela entrega à CGA, I.P., e ao CNP da CES que estas instituições deixem de receber e pelo reembolso às entidades processadoras de prestações sujeitas a incidência daquela contribuição das importâncias por estas indevidamente abonadas em consequência daquela omissão.

12 – O regime fixado no presente artigo tem natureza imperativa, prevalecendo sobre quaisquer outras normas, especiais ou excecionais, de base legal, convencional ou contratual, em contrário e sobre instrumentos de regulamentação coletiva de trabalho e contratos de trabalho, não podendo ser afastado ou modificado pelos mesmos, com exceção das prestações indemnizatórias correspondentes, atribuídas aos deficientes militares abrangidos, respetivamente, pelo Decreto-Lei n.º 43/76, de 20 de janeiro, pelo Decreto-Lei n.º 314/90, de 13 de outubro, alterado pelos Decretos-Leis n.ºs 146/92, de 21 de julho, e 248/98, de 11 de agosto, e pelo Decreto-Lei n.º 250/99, de 7 de julho.

(...)

Artigo 115.º
Contribuição sobre prestações de doença e de desemprego

1 – Sem prejuízo da cláusula de salvaguarda prevista no número seguinte, as prestações do sistema previdencial concedidas no âmbito das eventualidades de doença e desemprego são sujeitas a uma contribuição nos seguintes termos:

a) 5% sobre o montante dos subsídios concedidos no âmbito da eventualidade de doença;

b) 6% sobre o montante dos subsídios de natureza previdencial concedidos no âmbito da eventualidade de desemprego.

2 – A aplicação do disposto no número anterior não prejudica, em qualquer caso, a garantia do valor mínimo das prestações, nos termos previstos nos respetivos regimes jurídicos.

3 – O disposto na alínea *a)* do n.º 1 não se aplica a subsídios referentes a período de incapacidade temporária de duração inferior ou igual a 30 dias.

4 – O disposto na alínea *b)* do n.º 1 não se aplica às situações de majoração do subsídio de desemprego, previstas no artigo seguinte.

5 – A contribuição prevista no presente artigo reverte a favor do IGFSS, I.P., sendo deduzida pelas instituições de segurança social do montante das prestações por elas pagas, constituindo uma receita do sistema previdencial.

(...)

Artigo 117.º
Pensões de sobrevivência dos cônjuges e ex-cônjuges

1 – As pensões de sobrevivência a atribuir a partir de 1 de janeiro de 2014, pela CGA, I.P., e pelo CNP, aos cônjuges sobrevivos e aos membros sobrevivos de união de facto de contribuintes do regime de proteção social convergente ou beneficiários do regime geral de segurança social que percebam valor global mensal a título de pensão igual ou superior a € 2 000 são calculadas por aplicação das taxas de formação da pensão da seguinte tabela:

Valor mensal global das pensões percebidas pelo titular (euros)	Taxa de formação da pensão (%) A	B
De 2 000,00 a 2 250,00	44,0	53,0
De 2 250,01 a 2 500,00	43,0	513,0
De 2 500,01 a 2 750,00	40,0	48,0
De 2 750,01 a 3 000,00	38,0	45,0
De 3 000,01 a 4 000,00	34,0	41,0
Mais de 4 000,00	33,0	39,0

2 – Os valores da taxa de formação da pensão da tabela do número anterior aplicam-se, no âmbito do regime de proteção social convergente e do regime geral de segurança social, nos seguintes termos:

   a) A pensão de sobrevivência a atribuir por morte de contribuinte do regime de proteção social convergente aposentado ou reformado com base no regime legal em vigor até 31 de dezembro de 2005 ou de subscritor inscrito na CGA, I.P., até 31 de agosto de 1993, falecido no ativo, que se aposentaria com base naquele regime legal é calculada, segundo as regras do Estatuto das Pensões de Sobrevivência, aprovado pelo Decreto-Lei n.º 142/73, de 31 de março, com base nos valores da coluna A;

   b) A pensão de sobrevivência a atribuir por morte de beneficiário do regime geral de segurança social ou de contribuinte do regime de proteção social convergente inscrito na CGA, I.P., após 31 de agosto de 1993 não aposentado até 31 de dezembro de 2005 é calculada, segundo as regras do regime de proteção na eventualidade da morte dos beneficiários do regime geral, aprovado pelo Decreto-Lei n.º 322/90, de 18 de outubro, com base nos valores da coluna B;

   c) A pensão de sobrevivência a atribuir por morte de contribuinte do regime de proteção social convergente aposentado ou reformado com base no regime legal em vigor a partir de 1 de janeiro de 2006 ou de subscritor, falecido no ativo, que se aposentaria com base naquele regime legal é calculada com base na aplicação dos valores da coluna A ao montante da primeira parcela da pensão de aposentação ou reforma e dos valores da coluna B ao montante da segunda parcela da mesma pensão, distribuindo-se o valor assim obtido pelos herdeiros hábeis na mesma proporção estabelecida no regime de proteção na eventualidade da morte dos beneficiários do regime geral, aprovado pelo Decreto-Lei n.º 322/90, de 18 de outubro.

3 – Nos casos em que o cônjuge sobrevivo ou membro sobrevivo de união de facto do regime de proteção social convergente concorra com outros herdeiros do contribuinte falecido, a pensão daquele corresponde a uma parte do montante resultante da aplicação das regras dos números anteriores proporcional à percentagem da pensão de aposentação ou equiparada do falecido que lhe caberia de acordo com as regras de distribuição da pensão de sobrevivência do regime legal que lhe seja concretamente aplicável.

4 – Nos casos em que o cônjuge sobrevivo ou membro sobrevivo de união de facto do regime geral concorra com ex-cônjuges, a pensão daquele corresponde à parte que lhe cabe de acordo com as regras da individualização do artigo 28º do Decreto-Lei nº 322/90, de 18 de outubro, do montante da pensão calculada de acordo com as percentagens constantes da coluna B acrescidas de uma majoração de 16,66%.

5 – As pensões de sobrevivência em pagamento pela CGA aos cônjuges sobrevivos e aos membros sobrevivos de união de facto de contribuintes do regime de protecção social convergente que percebam valor global mensal a título de pensão igual ou superior a € 2 000 são recalculadas, com efeitos a partir de 1 de janeiro de 2014, nos termos estabelecidos nos números 1, 2 e 3.

6 – O valor ilíquido das pensões de sobrevivência dos cônjuges pensionistas do regime geral, em pagamento em 31 de dezembro de 2013, que percebam valor global mensal a título de pensão igual ou superior a € 2 000 é reduzido na percentagem resultante da proporção entre as percentagens previstas no artigo 25º do Decreto-Lei nº 322/90, de 18 de outubro, e as aplicáveis ao cônjuge nos termos dos números 1, 2 e 4.

7 – Para efeito do disposto no presente artigo, considera-se valor global mensal percebido a título de pensão o montante correspondente ao somatório do valor mensal de subvenção mensal vitalícia e subvenção de sobrevivência com todas as pensões de aposentação, reforma e equiparadas, pensões de velhice e invalidez, bem como pensões de sobrevivência, que sejam pagas, ao titular da pensão a atribuir ou a recalcular, por quaisquer entidades públicas, independentemente da respectiva natureza, institucional, associativa ou empresarial, do seu âmbito territorial, nacional, regional ou municipal, e do grau de independência ou autonomia, incluindo entidades reguladoras, de supervisão ou controlo e caixas de previdência de ordens profissionais, directamente ou por intermédio de terceiros, designadamente companhias de seguros e entidades gestoras de fundos de pensões.

8 – As pensões e outras prestações não previstas no número anterior não relevam para determinação do valor global mensal percebido a título de pensão, nomeadamente as seguintes:

   a) Pensões de reforma extraordinária e de invalidez e abonos e prestações suplementares de invalidez atribuídos a:
      i) Deficientes das forças armadas (DFAS), ao abrigo do Decreto-Lei n.º 43/76, de 20 de janeiro;
      ii) Grandes deficientes das forças armadas (GDFAS), nos termos do Decreto-Lei n.º 314/90, de 13 de outubro, alterado pelos Decretos-Leis n.ºs 146/92, de 21 de julho, e 248/98, de 11 de agosto;
      iii) Grandes deficientes do serviço efetivo normal (GDSEN), de acordo com o Decreto-Lei n.º 250/99, de 7 de julho;
   b) Pensões de preço de sangue e pensões por serviços excecionais e relevantes prestados ao País, reguladas no Decreto-Lei n.º 466/99, de 6 de novembro, alterado pelo Decreto-Lei n.º 161/2001, de 22 de maio;
   c) Pensões por condecorações, previstas no Decreto-Lei n.º 316/2002, de 27 de dezembro, no Decreto-Lei n.º 414-A/86, de 15 de dezembro, alterado pelo Decreto-Lei n.º 85/88, de 10 de março, e pelo Decreto-Lei n.º 131/95, de 6 de junho, e no Decreto Regulamentar

n.º 71-A/86, de 15 de dezembro, alterado pelo Decreto Regulamentar n.º 12/2003, de 29 de maio;
   d) Pensões de ex-prisioneiros de guerra, previstas na Lei n.º 34/98, de 18 de julho, e no Decreto-Lei n.º 161/2001, de 22 de maio, alterados pelo Decreto-Lei n.º 170/2004, de 16 de julho;
   e) Acréscimo vitalício de pensão, complemento especial de pensão e suplemento especial de pensão atribuídos aos antigos combatentes ao abrigo da Lei n.º 9/2002, de 11 de fevereiro, da Lei n.º 21/2004, de 5 de junho, da Lei n.º 3/2009, de 13 de janeiro.

9 – As pensões e outras prestações referidas no número anterior transmitidas por morte do seu beneficiário originário, designadamente do autor dos factos que determinam a sua atribuição, ficam excluídas do âmbito de aplicação do presente artigo, designadamente das regras de cálculo e de recalculo estabelecidas nos n.ºs 1 e 5.

10 – As pensões de sobrevivência de ex-cônjuge divorciado ou separado judicialmente de pessoas e bens e de pessoa cujo casamento com contribuinte do regime de proteção social convergente ou com beneficiário do regime geral de segurança social tenha sido declarado nulo ou anulado são atribuídas ou recalculadas, em função do regime legal considerado no respetivo cálculo, nos seguintes termos:
   a) As atribuídas com base no regime legal introduzido pelo Decreto-Lei n.º 133/2012, de 27 de junho, são calculadas ou recalculadas no valor estritamente necessário para assegurar que o montante dessas pensões não exceda o valor da pensão de alimentos que o seu titular recebia do contribuinte ou beneficiário à data do falecimento deste;
   b) As restantes, atribuídas com base em regimes anteriores, são recalculadas nos mesmos termos das pensões de sobrevivência do cônjuge sobrevivo ou membro sobrevivo de união de facto.

11 – Da aplicação do disposto no presente artigo não pode resultar para os pensionistas de sobrevivência referidos nos n.ºs 1, 3 e 4 e na alínea b) do número anterior um valor global mensal a título de pensão ilíquido inferior a € 2 000.

12 – Na determinação da taxa de formação da pensão a aplicar, o 14.º mês ou equivalente e o subsídio de Natal são considerados mensalidades autónomas.

13 – O valor correspondente à diferença entre a pensão de sobrevivência do cônjuge sobrevivo ou membro sobrevivo de união de facto determinada com base na taxa de formação de pensão da tabela do n.º 1 e a que resultaria da aplicação das taxas de formação da pensão previstas no Estatuto das Pensões de Sobrevivência ou no regime de proteção na eventualidade da morte dos beneficiários do regime geral, aprovado pelo Decreto-Lei n.º 322/90, de 18 de outubro, não é objeto de distribuição pelos outros herdeiros hábeis do contribuinte ou beneficiário falecido.

14 – As medidas dos números anteriores são acumuláveis com a redução das pensões da CGA operada no quadro da convergência deste regime com as regras de cálculo do regime geral de segurança social na parte em que o valor daquelas, calculadas sem aplicação das regras da convergência, exceda o desta.

15 – A aplicação do regime do presente artigo depende de o cônjuge sobrevivo ou membro sobrevivo de união de facto ser titular de, pelo menos, uma prestação prevista no nº 7 excluindo pensões de sobrevivência.

(...)

Artigo 176.º
Sobretaxa em sede de IRS

1 – Sobre a parte do rendimento coletável de IRS que resulte do englobamento nos termos do artigo 22.º do Código do IRS, acrescido dos rendimentos sujeitos às taxas especiais constantes dos n.ºs 3, 6, 11 e 12 do artigo 72.º do mesmo Código, auferido por sujeitos passivos residentes em território português, que exceda, por sujeito passivo, o valor anual da retribuição mínima mensal garantida, incide a sobretaxa de 3,5%.

2 – À coleta da sobretaxa são deduzidas apenas:
   a) 2,5% do valor da retribuição mínima mensal garantida por cada dependente ou afilhado civil que não seja sujeito passivo de IRS;
   b) As importâncias retidas nos termos dos n.ºs 5 a 9, que, quando superiores à sobretaxa devida, conferem direito ao reembolso da diferença.

3 – Aplicam-se à sobretaxa em sede de IRS as regras de liquidação previstas nos artigos 75.º a 77.º do Código do IRS e as regras de pagamento previstas no artigo 97.º do mesmo Código.

4 – Não se aplica à sobretaxa o disposto no artigo 95.º do Código do IRS.

5 – As entidades devedoras de rendimentos de trabalho dependente e de pensões são, ainda, obrigadas a reter uma importância correspondente a 3,5% da parte do valor do rendimento que, depois de deduzidas as retenções previstas no artigo 99.º do Código do IRS e as contribuições obrigatórias para regimes de proteção social e para subsistemas legais de saúde, exceda o valor da retribuição mínima mensal garantida.

6 – Encontra-se abrangido pela obrigação de retenção prevista no número anterior o valor do rendimento cujo pagamento ou colocação à disposição do respetivo beneficiário incumba, por força da lei, à segurança social ou a outra entidade.

7 – A retenção na fonte prevista nos números anteriores é efetuada no momento em que os rendimentos se tornam devidos nos termos da legislação aplicável ou, se anterior, no momento do seu pagamento ou colocação à disposição dos respetivos titulares.

8 – Aplica-se à retenção na fonte prevista nos n.ºs 5 a 7 o disposto nos n.ºs 4 e 5 do artigo 3.º do Decreto-Lei n.º 42/91, de 22 de janeiro, com as necessárias adaptações.

BIBLIOGRAFIA

Antunes, Tiago (2011), *Reflexões constitucionais em tempo de crise económico-financeira,* O Direito, Ano 143º (2011), V, pp. 1063-1099

Araújo, António de (1997), *O Tribunal Constitucional (1989-1996) – Um estudo de comportamento judicial,* Coimbra Editora, 1997

Araújo, António e Magalhães, Pedro Coutinho (2000), *A justiça constitucional-uma instituição contra as maiorias,* in Análise Social, Vol. 35, nºs 154-155, pp. 207-246

Bachof, Otto (1980), *Estado de Direito e poder político: os tribunais constitucionais entre o direito e a política,* Boletim da Faculdade de Direito, Vol. LVI, 1980, pp. 1-24

Bonazza, Patrick (2009), *Os Banqueiros não pagam a Crise",* Guerra & Paz, Editores, S.A., 2009

Brito, Miguel Nogueira de (1998), *Originalismo e Interpretação Constitucional,* Sub Júdice nº 12, Janeiro/Junho 1998, pp.33-59

Brito, Miguel Nogueira de (2012), *Comentário ao Acórdão nº 353/2012 do Tribunal Constitucional,* Direito & Política nº 1 (Outubro-Dezembro 2012), pp. 108-123)

Caetano, Marcello (1980), *Manual de Direito Administrativo,* 10ª edição, revista e actualizada, II Vol., Coimbra Editora, 1980

Canotilho, Joaquim José Gomes e Moreira, Vital (2007), *Constituição da República Portuguesa Anotada,* 4ª edição revista, Coimbra Editora, 2007

Ferreira, António Casimiro (2012), *Sociedade da Austeridade e direito do trabalho de excepção,* Vida Económica, 2012

Häberle, Peter (2001), *O recurso de amparo no sistema germânico de justiça constitucional,* in Sub Júdice, nºs 20/21, pp. 33-64

Hespanha, António Manuel (2012), *A revolução neoliberal e a subversão do modelo jurídico-Crise, Direito e Argumentação Jurídica,* Revista do Ministério Público, nº 130, pp. 9-80)

Leitão, Luís Menezes (2012a), *A falta de protecção dos direitos fundamentais na jurisprudência do Tribunal Constitucional,* Julgar, Número Especial, 2012, pp. 93-102

Leitão, Luís Menezes (2012b), *Anotação ao Acórdão 396/2011 do Tribunal Constitucional,* Revista da Ordem dos Advogados, Ano 72 (Já./Mar. 2012), pp. 415-420

Moreira, Vital (2001), *O Tribunal Constitucional Português: a "fiscalização concreta" no quadro de um sistema misto de justiça constitucional*, Sub Júdice, nºs 20/21, pp. 95-110

Nabais, José Casalta (1993), *Jurisprudência do Tribunal Constitucional em matéria fiscal*, Boletim da Faculdade de Direito da Universidade de Coimbra, Vol. LXIX, 1993, pp. 387-434.

Nabais, José Casalta (2006), *Direito Fiscal*, Edições Almedina, 4ª edição, 2006

Nabais, José Casalta (2011), *Da sustentabilidade do Estado-fiscal, in Sustentabilidade fiscal em tempos de crise*, Edições Almedina, 2011, pp-11-59

Nabais, José Casalta e Silva, Suzana Tavares da (2010), *O Estado pós-moderno e a figura dos tributos*, Revista de Legislação e Jurisprudência, Ano 140, nº 3965, Novembro--Dezembro 2010, pp. 80-104

Kelsen, Hans (2001), *A Garantia Jurisdicional da Constituição (A Justiça Constitucional)*, Sub Júdice nºs 20/21, Janeiro/Junho 2001, pp. 9-32

Reis, José (2012), *Economia, Sociedade e Instituições em Portugal, hoje: a desconstrução da vida colectiva?*, Julgar Nº Especial, A mobilização do Direito no Tempo das Crises, 2012, pp.161-172.

Ribeiro, José Joaquim Teixeira (1984), *Lições de Finanças Públicas*, Coimbra Editora, 2ª edição, refundida e actualizada, 1984

Silva, Suzana Tavares da (2011), *Sustentabilidade e solidariedade em tempos de crise, in Sustentabilidade fiscal em tempos de crise*, Edições Almedina, 2011, pp-61-91

Santos, António Carlos dos (2012), *A nova parafiscalidade: a tributação por via de cortes na despesa com remunerações de funcionários e de pensionistas*, Revista do Ministério Público nº 129 (Janeiro/Março, 2012), pp.49-61

Soares, Rogério Ehrhardt (2008), *Direito público e sociedade técnica*, Edições Tenacitas (reedição), 2008

Zoller, Elisabeth (1998), *Esplendores e misérias do constitucionalismo*, Sub Júdice, nº 12, pp. 3-14

SÍTIOS DA INTERNET

- www.bportugal.pt
- www.causa-nossa.blogspot.pt
- www.ces.pt
- www.cfp.pt
- www.coe.int
- www.diarioeconomico.pt
- www.efe.com
- www.ionline.pt
- www.ine.pt
- www.jn.pt
- www.jornaldenegocios.pt
- www.pordata.pt
- www.portugal.gov.pt
- www.publico.pt
- www.tribunalconstitucional.pt
- www.sol.sapo.pt
- www.siej.dgpj.pt
- www.stj.pt
- www.rtp.pt
- www.rr.pt

ÍNDICE

Prefácio. 5

1. Introdução. 15

2. O modelo de fiscalização da constitucionalidade das leis
no ordenamento jurídico português e o seu funcionamento
quanto à fiscalização das leis do Orçamento do Estado 19
   2.1. Caracterização do modelo de fiscalização da constitucionalidade das leis . . 19
   2.2. Funcionamento da fiscalização da constitucionalidade das leis
       do Orçamento do Estado. 21

3. Os argumentos esgrimidos, que fizeram vencimento, no sentido
da constitucionalidade de normas das leis do Orçamento do Estado 27
   3.1. Não consagração constitucional do princípio da irretroactividade
       da lei fiscal. 28
   3.2. Não consagração da irredutibilidade dos salários
       como direito fundamental 28
       a) Lei do OE2011 28
       b) Lei do OE2013. 29
   3.3. Não violação do princípio da confiança ínsito no princípio
       de Estado de direito democrático 30
       a) Lei do OE2011 30
       b) Lei do OE2013 31
       b.1) Redução das remunerações. 31
       b.2) Suspensão do pagamento do subsídio de férias ou equivalente 31
       b.3) Contribuição extraordinária de solidariedade social (CES) 32

3.4. Não violação do princípio da proporcionalidade pela necessária
conjugação do princípio da protecção da confiança com o princípio
da proibição do excesso 33
   a) Lei do OE2011................................... 33
   b) Lei do OE2013................................... 34
      b.1) Redução das remunerações........................ 34
      b.2) CES.. 34
3.5. Não violação do princípio da igualdade..................... 35
   a) Lei do OE2011................................... 35
3.6. Não violação das normas da "constituição fiscal"............... 37
   a) Lei do OE2013................................... 37
      a.1.) Suspensão do pagamento do subsídio de férias aos trabalhadores
      do "sector público" 37
      a.2.) CES.. 38
3.7. Não violação do princípio da progressividade fiscal............. 38
   a) Lei do OE2013................................... 38
3.8. Não violação do princípio da capacidade contributiva
   (enquanto decorrência do princípio da igualdade fiscal) e do princípio
   da consideração fiscal da família........................... 39
3.9. Não violação dos princípios da unidade e da progressividade do imposto
   sobre o rendimento, consagrados no artigo 104º, n.º 1, da Constituição.. 40
4. Os argumentos invocados no sentido de concluir
   pela inconstitucionalidade de normas das leis dos Orçamentos do Estado.. 41
4.1. Violação do princípio da confiança ínsito no princípio do Estado
   de direito democrático 41
   a) Lei do OE1989................................... 41
   b) Leis do OE1992 e OE1993............................ 42
4.2. Violação do princípio da igualdade consagrado no art.º 13º da CRP 43
   a) Lei do OE2012................................... 43
   b) Lei do OE2013................................... 45
      b.1.) Suspensão do pagamento do subsídio de férias aos trabalhadores
      e pessoas do "sector público"........................... 45
      b.2) Suspensão parcial do pagamento do subsídio de férias de pensionistas
      e reformados 46
4.3. Violação do princípio da proporcionalidade e da garantia do direito
   a uma sobrevivência minimamente condigna 48
   a) Lei do OE2013................................... 48
5. A jurisprudência de outros Tribunais constitucionais............... 49

6. Análise crítica da abordagem e argumentação do nosso TC
   quanto à apreciação da constitucionalidade de normas das leis
   dos Orçamentos do Estado 57
   6.1. Redução de salários, vencimentos, pensões e suspensão, rectius,
       ablação de direitos................................. 57
       a) O argumento da "emergência" económico-financeira, da "transitoriedade"
           das medidas e da prevalência do "interesse público"............ 57
       b) O argumento da possibilidade de redução dos salários e vencimentos
           de quem recebe por "verbas públicas".................... 66
       c) O argumento da aprovação das medidas, por maioria democrática,
           no órgão legislativo legitimado pelo princípio democrático
           de representação popular 71
   6.2. A retroactividade das leis fiscais....................... 75
   6.3. A restrição dos efeitos da inconstitucionalidade 77
7. Justificação da (in)constitucionalidade das normas das leis dos OE,
   à luz do enfoque na "constituição fiscal"....................... 81
8. Breve tópico sobre o modelo de recrutamento de juízes do TC
   e a fiscalização da constitucionalidade 85
9. Em jeito de síntese conclusiva............................. 91
10. Análise de algumas medidas previstas na lei do OE 2014
    e perspectiva(s) sobre a sua (in)constitucionalidade 93
    a) A redução de vencimentos (art.º 33º)..................... 94
    b) Complementos de pensão (art.º 75º) 101
    c) CES (art.º 76º)................................... 105
    d) A contribuição sobre as prestações de doença e de desemprego
       (art.º 115º) 110
    e) O cálculo, recálculo e redução das pensões de sobrevivência
       dos cônjuges sobrevivos e membros sobrevivos de uniões de facto
       (art.º 117º) 110
    f) A sobretaxa em sede de IRS (art.º 176º)................... 118
Anexo... 121

Bibliografia....................................... 139

Sítios da internet 141